Josephine Kirsch

Kreative Traumfänger

Außergewöhnliche Modelle
modern interpretiert

Inhaltsverzeichnis

Vorwort

Traumfänger stammen aus indigenen Kulturen und werden traditionell in einem Weidering gefertigt und mit heiligen Gegenständen dekoriert. Laut der Tradition sollen Traumfänger den Schlaf schützen bzw. verbessern, indem die schlechten Träume in dem Netz gefangen werden. Heutzutage werden Traumfänger auch gerne als schöne Dekoration für Zuhause genutzt, sei es als Wanddeko oder Fensterdeko. Auch im Garten oder am Rückspiegel im Auto macht ein Traumfänger eine gute Figur.
Doch Traumfänger müssen nicht immer mit dem klassischen Netz angefertigt werden, auch hier darf der Kreativität freien Lauf gelassen werden. Daher zeige ich Ihnen in diesem Buch, wie Sie neben traditionellen Traumfängern auch Neuinterpretationen von Traumfängern umsetzen können, von modern bis abstrakt. Das Buch ist dazu in drei Kapiteln aufgeteilt: *Traumfänger mit traditionellem Netz*, *Makramee-Traumfänger* und *Abstrakte Traumfänger*. Machen Sie die hier gezeigten Projekt gerne zu Ihren eigenen, ändern Sie die Farben, die Accessoires und kreieren Sie Ihre ganz eigenen Traumfänger.

Ganz viel Spaß wünscht Ihnen

Josephine Kirsch

Materialien und Werkzeuge

Garne

Garne unterscheiden sich je nach Material und Herstellungsprozess. Die verschiedenen Garne eignen sich für unterschiedliche Projekte und Vorlieben. Außerdem können sie je nach Herstellungsprozess auch unterschiedlich leicht verarbeitet werden. In diesem Buch verwenden wir Baumwollgarne, aber auch dünnes Nylongarn und Linhasita. Daher möchte ich gerne auf einige Eigenarten dieser Garne hinweisen.

KÜNSTLICHE GARNE

Nylongarn
Nylongarne sind im Vergleich zu Baumwollgarnen komplett synthetisch hergestellt. Im Buch verwenden wir ausschließlich 0,8 mm dickes Nylongarn. Auf dem Markt finden Sie es aber auch noch in anderen Stärken. Ein großer Vorteil von Nylongarnen ist die Möglichkeit des Versiegelns. Nylongarn schmilzt, wenn es z. B. mit einem Feuerzeug erhitzt wird, so kann man Knoten leicht ohne hervorstehende Fäden sichern und der Knoten löst sich nicht mehr auf. Genau deswegen eignet es sich hervorragend für Traumfängernetze.

Linhasita
Linhasita ist dünnes, gewachstes Polyestergarn, das gerne für Makramee Schmuck verwendet wird. Auch dieses Garn ist synthetisch und lässt sich schmelzen. Linhasita hat im Vergleich zu ungewachstem Nylongarn mehr Widerstand und rutscht auf ‚nackten' Metallringen nicht so schnell weg. Daher eignet es sich sehr gut für Traumfänger, deren Metallringe nicht vorab mit Garn umwickelt wurden. Auch Linhasita lässt sich mit einem Feuerzeug versiegeln.

BAUMWOLLGARNE

Gezwirntes Garn

Bei gezwirnten Garnen sind einzelne Fasern ineinander verdreht. Man unterscheidet einfach gezwirntes Garn und mehrfach gezwirntes Garn. Bei ersterem werden mehrere Fasen nur einmal miteinander gezwirnt, weswegen sie auch stärker dazu neigen, sich aufzudrehen, wohingegen bei letzterem die Fasen zu mehreren Strängen gezwirnt und anschließend die Stränge ineinander verdreht werden, sodass sich diese Garne zwar aufdrehen, aber nicht so stark wie einfach gezwirntes Garn.

Ist das Ausfransen der Enden gewünscht, greift man zu gezwirntem Garn. Dieses Garn ist aber unter Umständen auch schwieriger zu verarbeiten, da sich die einzelnen Fasern leicht verknoten und herauslösen können, sodass ein ungleichmäßiges Knotenbild entsteht.

Außerdem neigen flächig aufgekämmte gezwirnte Garne dazu, sich nach einiger Zeit wieder zurückzudrehen, sodass die Fransen immer wieder nachträglich in Form gekämmt werden müssen. Dem kann man aber mit Fixiermitteln wie z. B. Haarspray entgegenwirken.

Da sich mehrfach gezwirnte Garne weniger stark aufdrehen, sind sie besser für Anfänger geeignet.

TIPP: Sollte Sie das Aufdrehen der Enden beim Knoten stören, umkleben Sie die Fadenenden dünn mit Kreppklebeband.

Geflochtenes Garn

Bei geflochtenen Garnen sind dünne Stränge aus Fasern ineinander verflochten, wodurch sich diese Sorte Garn nicht aufdrehen, sondern nur ausfransen kann.

Durch das nur minimale Ausfransen der Fäden beim Knoten ist dieses Garn sehr gut für Anfänger geeignet. Außerdem erhält man ein gleichmäßiges Knotenbild dadurch, dass sich eher seltener einzelne Fasern lösen.

Auch wenn geflochtene Garne schwerer aufzukämmen sind, eigenen sie sich vor allem für flächigeres Ausfransen besser, da sich die Fasern tendenziell weniger in ihre alte Form zurückdrehen.

Geflochtene Garne sind aufgrund ihrer Beschaffenheit oft elastischer als gezwirnte Garne. Diese Besonderheit von geflochtenem Garn sollte man beim Zuschneiden der Fäden berücksichtigen. Daher sollten Sie beim Zuschneiden darauf achten, das Garn nicht zu straff zu halten, da Sie sonst Ihr Garn kürzer zuschneiden als gewünscht.

Am Ende entwickelt jeder mit der Zeit seine eigenen Vorlieben. Probieren Sie am besten selbst verschiedene Garne aus, um die unterschiedlichen Eigenschaften zu fühlen und eigene Erkenntnisse zu sammeln.

Werkzeuge und Accessoires

Garne, Bänder und Schnüre können verwendet werden, um Ihren Traumfänger zu verschönern.

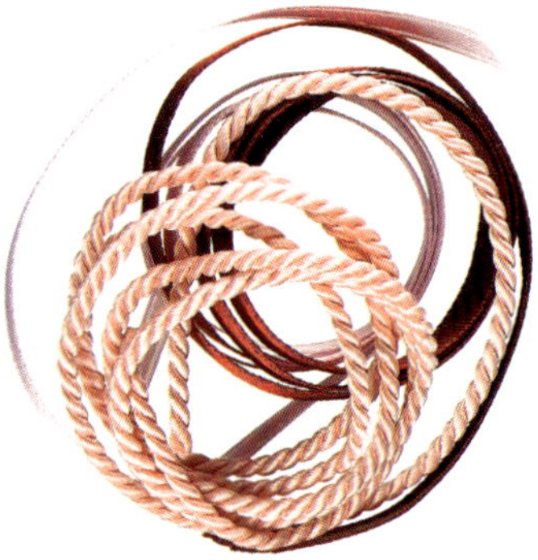

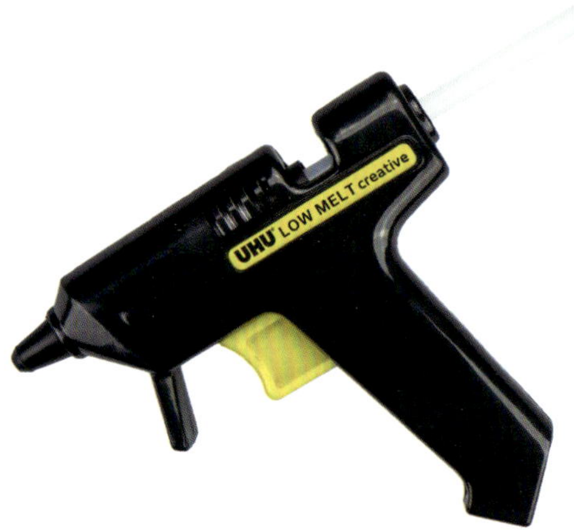

Heißkleber ist der beste Freund aller Bastler:innen. Mit ihm kann man schnell kleinere Accessoires und Fäden fixieren. **Textilkleber** kann man zum Versiegeln von Fadenenden verwenden.

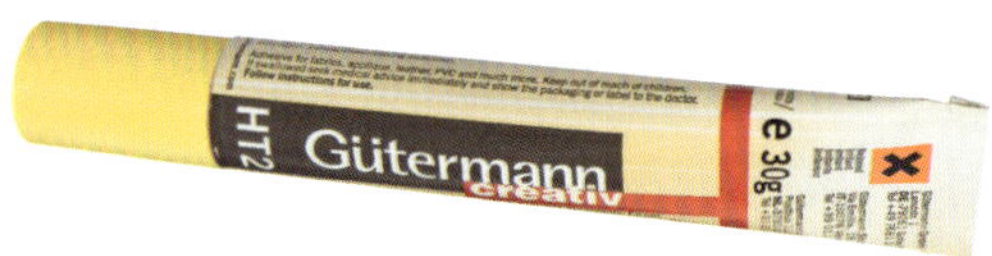

Meistens bilden **Metallringe** die Basis von Traumfängern, aber auch Stöcke, Bambusringe und andere Materialien können für kreative Traumfänger verwendet werden.

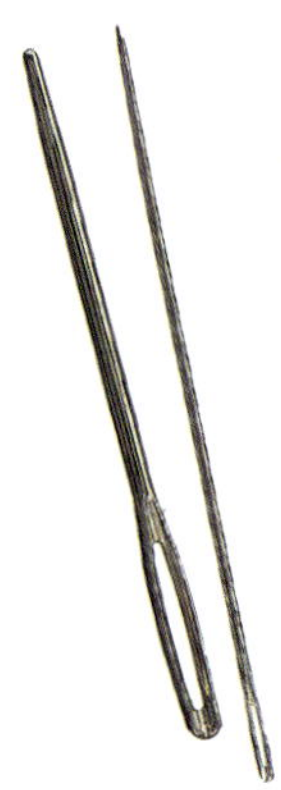

Nadeln und Sticknadeln können hilfreich sein, um filigrane Muster zu knoten und Fadenenden zu vernähen.

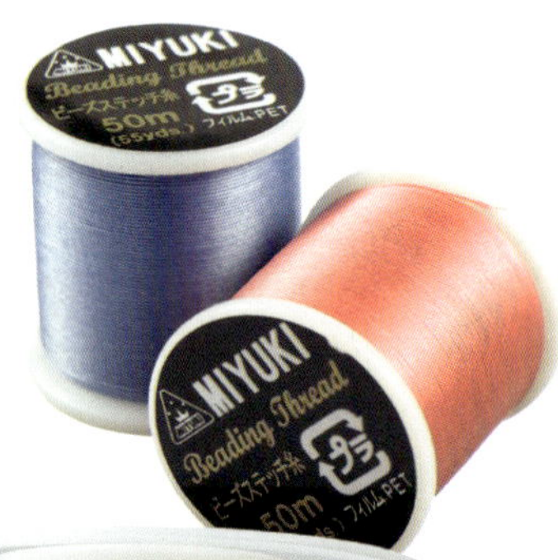

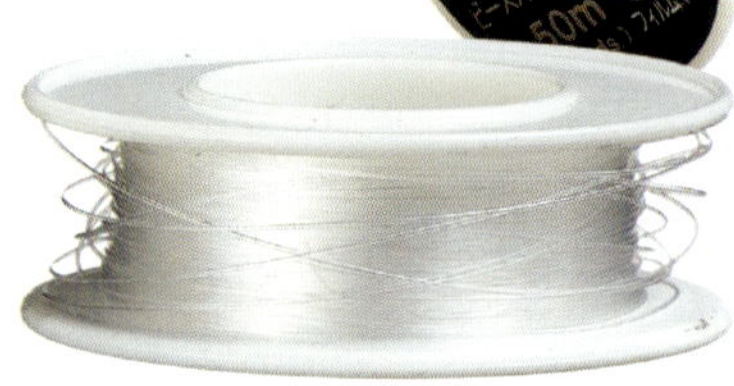

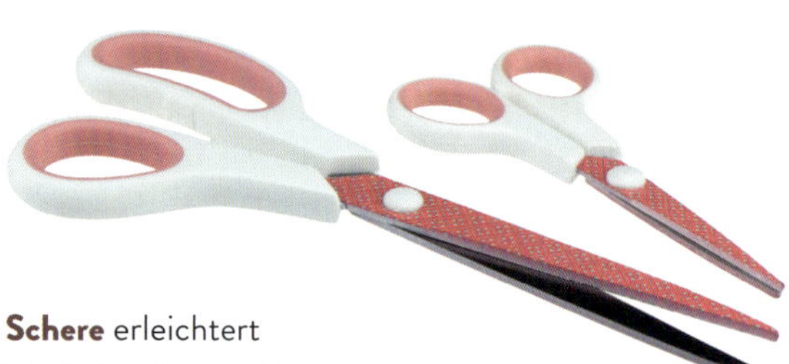

Eine **scharfe Schere** erleichtert einem die Arbeit beim Zuschneiden von Garnen.

Nylonfaden und **Polyestergarn** sind mein bevorzugtes Arbeitsmaterial, wenn ich traditionelle Netze knote. Man findet sie in verschiedenen Stärken und Farben und sie können mit einem Feuerzeug versiegelt werden.

Grundlagen des Knotens

Traumfänger-Netz knüpfen

1.

Ein ausreichend langes Stück Faden vorbereiten und dieses zu einem möglichst kleinen Knäuel wickeln – das erleichtert die Knüpfarbeit ungemein.

2.

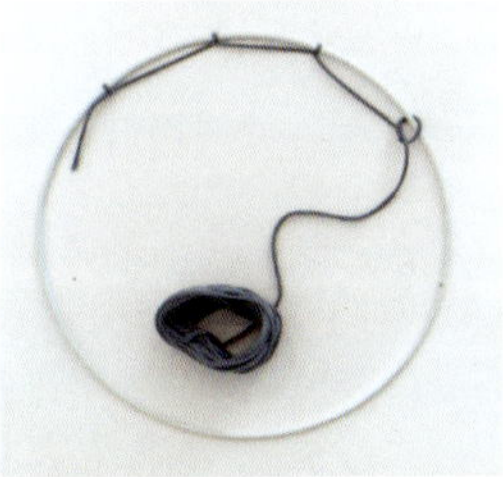

Das Ende des Fadens an den Ring knoten. Nun den Faden entlang des Rings führen und ihn in gleichmäßigen Abständen festknoten. Da die Abstände kleiner werden, je weiter man in die Mitte des Kreises kommt, achten Sie darauf mit ausreichend großen Abständen zu starten.

TIPP: Eine Wollnadel ist ein sehr hilfreiches Instrument, vor allem bei filigranen Designs und wenn die Laschen zur Mitte hin enger werden.

3.

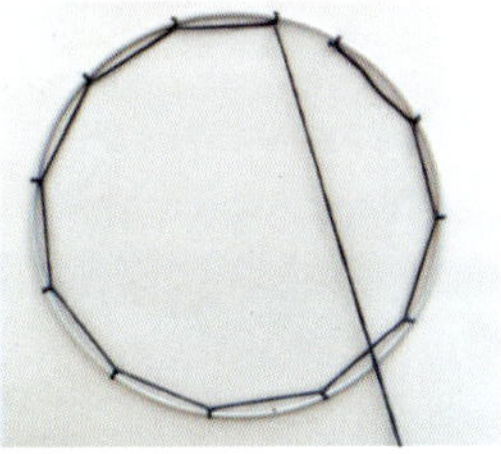

Ist die Runde komplett, beginnt die zweite Reihe.
Achtung: Zwischen dem letzten Knoten und dem allerersten einen kleineren Abstand als zwischen den anderen Knoten lassen (ca. ein Drittel des normalen Intervalls). So verhindert man an dieser Stelle eine Lücke.

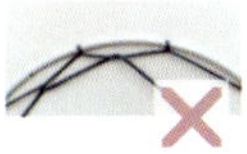

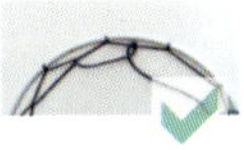

Für die zweite Reihe den Faden durch den Fadenabschnitt zwischen den ersten beiden Knoten ziehen. Darauf achten, dass sich der Faden hier kreuzt.

4.

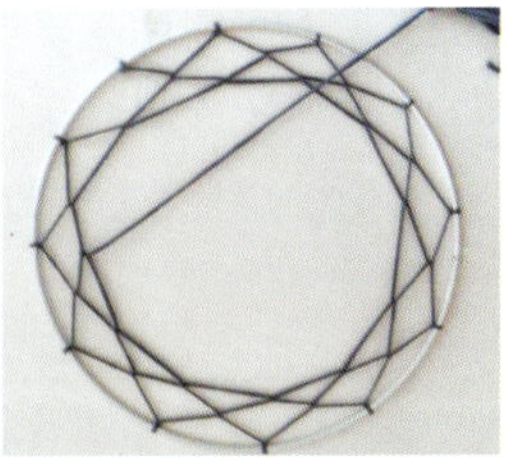

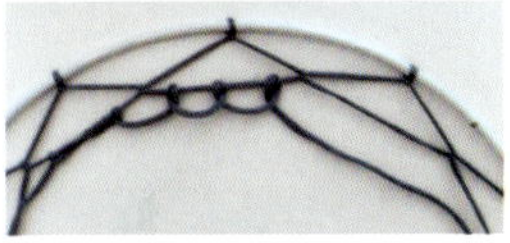

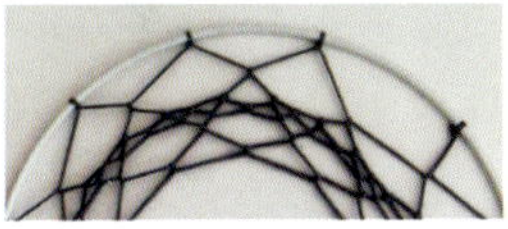

Spiralförmig Reihe für Reihe Richtung Mitte weitergehen. Alternativ mehrere statt nur eine Schlaufe einhängen, um einige filigrane Reihen zu integrieren. Das macht das Muster interessanter! Ebenso kann wieder zur ursprünglichen Schlaufengröße zurückgekehrt werden, indem nicht in jede, sondern nur z. B. in jede dritte Schlaufe geknotet wird.

5.

Es besteht die Möglichkeit, Perlen oder Pailletten aufzufädeln, die das Traumfängermuster um ein paar farbige Akzente ergänzen.

6.

Je nach Muster bis zur Mitte knüpfen oder auch schon früher die letzte Schlaufe festknoten. Den übrigen Faden abschneiden und mit etwas Flüssigkleber fixieren. Ebenso schön ist es, mit einer Perle, oder sonstigem abzuschließen.

Makramee-Grundknoten

ANKERKNOTEN

Mit dem Ankerknoten können Fäden an einem Objekt wie z. B. einem Holzstab oder einem Ring befestigt werden.

Ankerknoten von vorne geknotet:

1.

Die beiden Enden eines Fadens zusammenlegen und die dabei entstehende Schlinge von oben hinter den Holzstab führen.

2.

Nun die beiden Enden durch die Schlinge führen und straff ziehen.

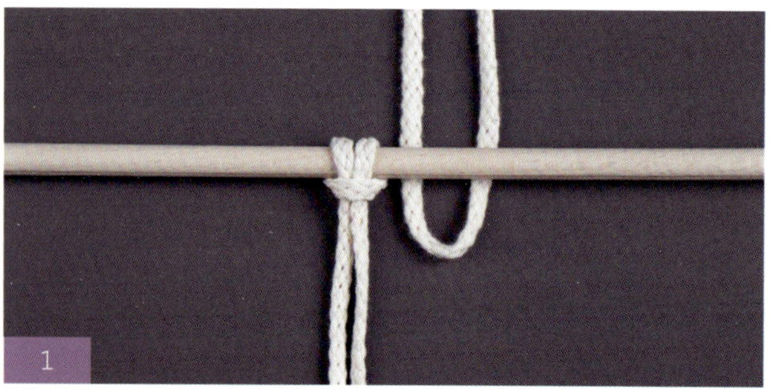

1

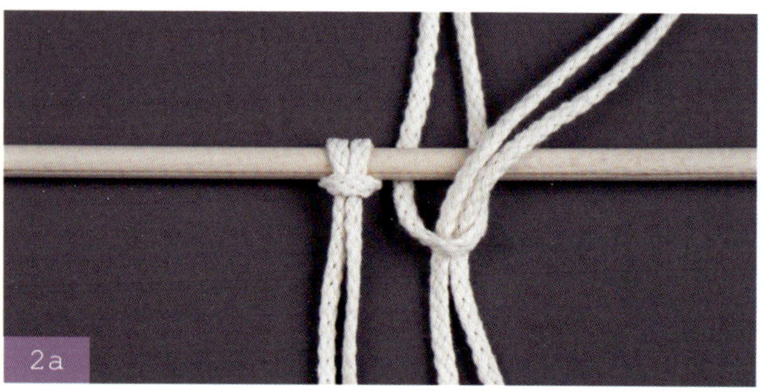

2a

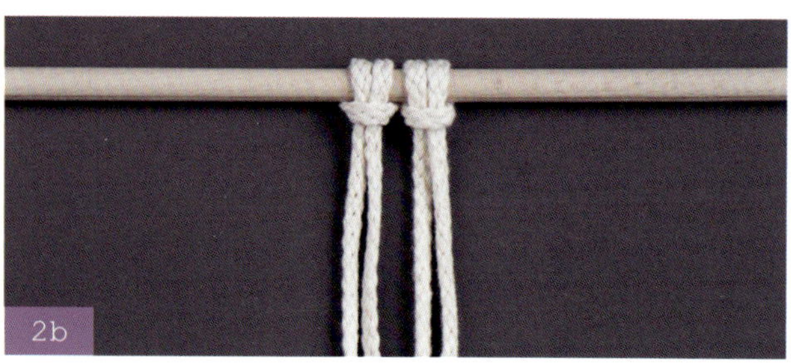

2b

Ankerknoten von hinten geknotet:

1.

Die beiden Enden eines Fadens zusammenlegen und die dabei entstehende Schlinge von unten hinter den Holzstab führen.

2.

Nun die beiden Enden durch die Schlinge führen und straff ziehen.

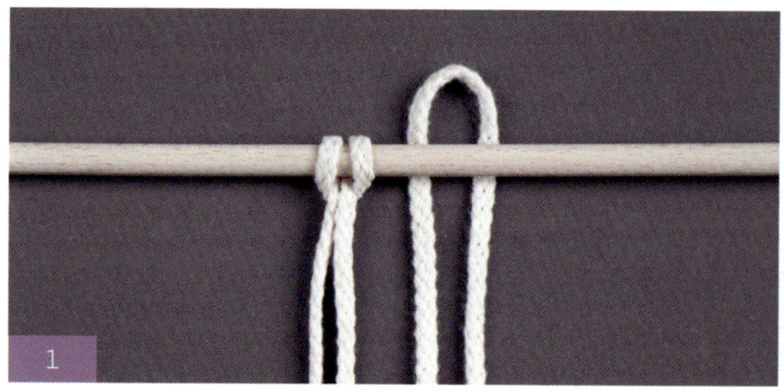

1

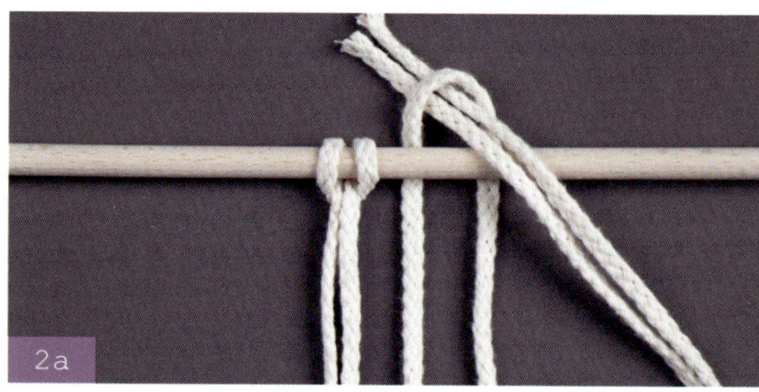

2a

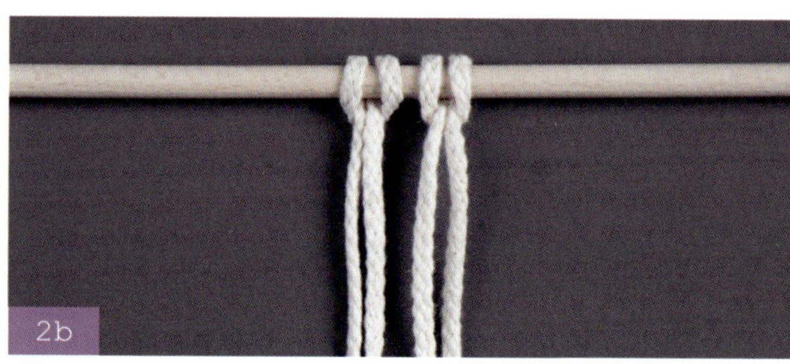

2b

WELLENKNOTEN

Der Wellenknoten ist ein halber Kreuzknoten und wird bei Makramee üblicherweise mit 4 Fäden geknotet. Die beiden mittleren Fäden sind die Trägerfäden. Diese sind passiv und es wird um sie herum geknotet. Die beiden äußeren Fäden sind Arbeitsfäden und mit ihnen wird aktiv geknotet.

1.

Legen Sie den rechten Arbeitsfaden nach links über die beiden Trägerfäden.

2.

Nun legen Sie den linken Arbeitsfaden über den rechten Arbeitsfaden.

3.

Führen Sie den linken Arbeitsfaden unter die beiden Trägerfäden und durch den Zwischenraum des rechten Arbeitsfadens und der Trägerfäden nach vorne.

4.

Ziehen Sie die beiden Arbeitsfäden senkrecht zu den Trägerfäden fest.

5.

Mehrere Wellenknoten untereinander geknotet ergeben einen **gedrehten Strang**. Schieben Sie zwischendurch immer wieder die Knoten entlang der Trägerfäden zusammen, damit Sie einen einheitlichen Strang erhalten.

Je nachdem wie sehr Sie den Strang entlang der Trägerfäden zusammenschieben, verändert sich der Grad der Drehung des Strangs. Probieren Sie es aus!

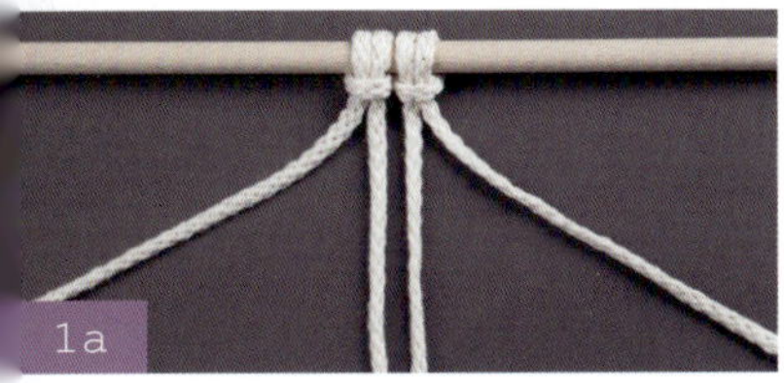
1a

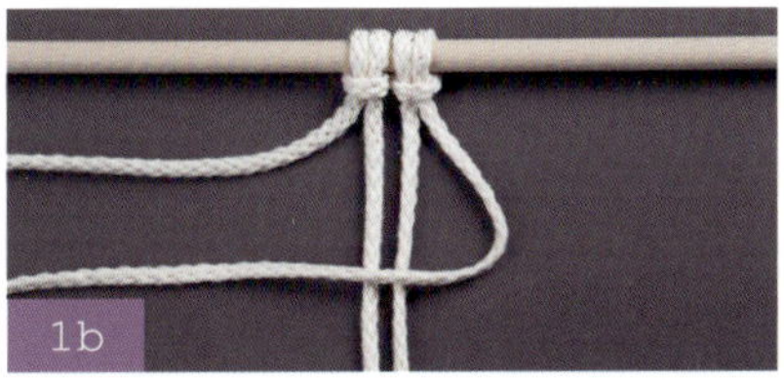
1b

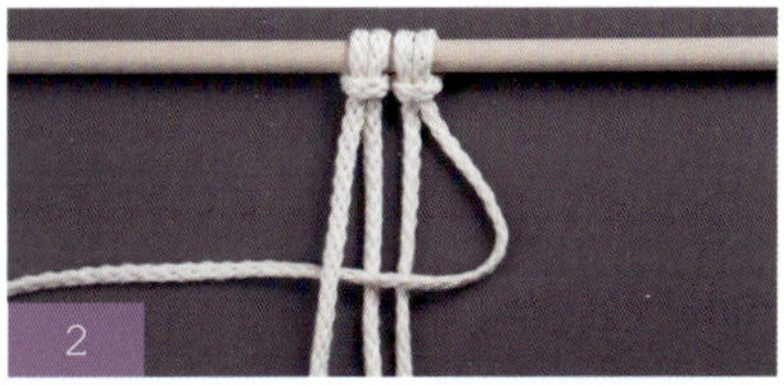
2

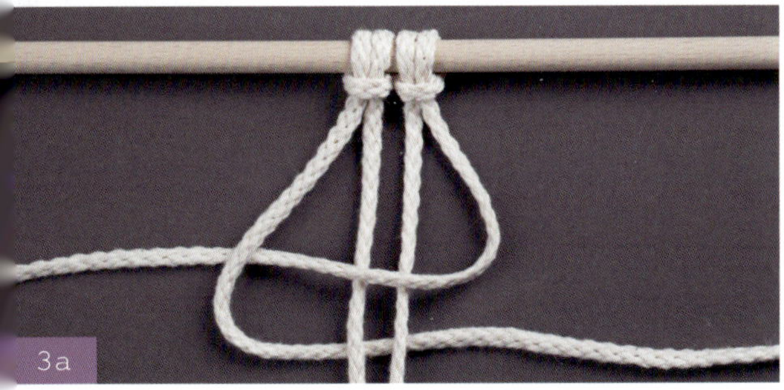
3a

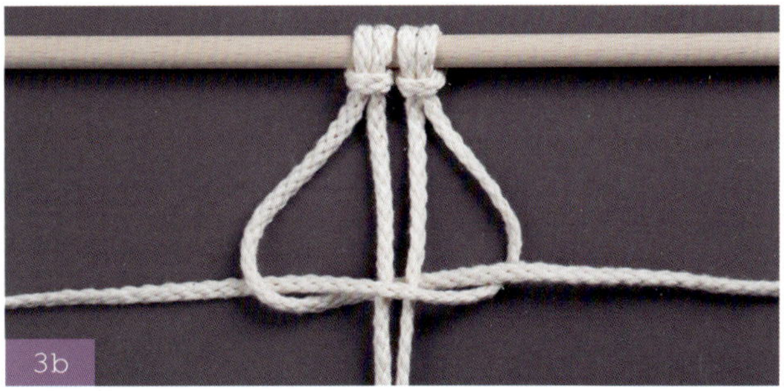
3b

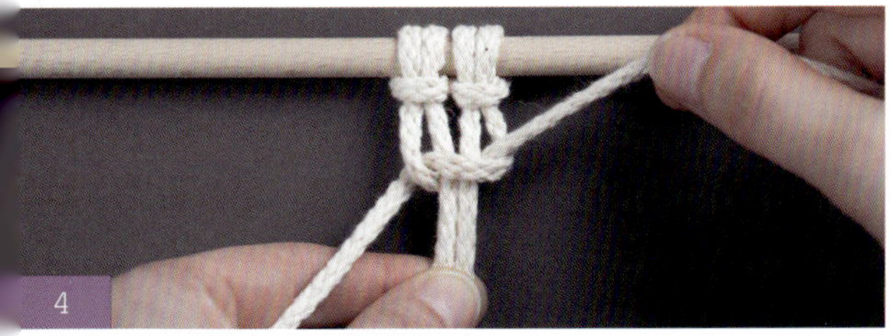
4

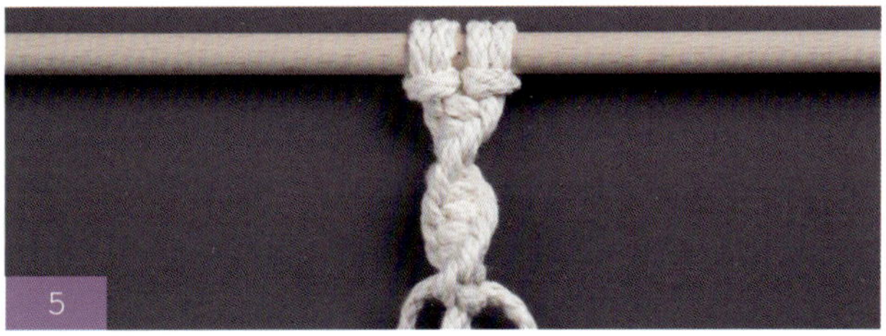
5

LINKS GELEGTER KREUZKNOTEN

Ein Kreuzknoten wird bei Makramee normalerweise mit 4 Fäden geknotet. Die beiden mittleren Fäden sind dabei die Trägerfäden. Diese sind passiv und es wird um sie herum geknotet. Die beiden äußeren Fäden sind Arbeitsfäden und mit ihnen wird aktiv geknotet.

1.

Knoten Sie den Wellenknoten als ersten Teil des Kreuzknotens.

2.

Wiederholen Sie die Schritte spiegelverkehrt. Dazu legen Sie den linken Arbeitsfaden nach rechts über die beiden Trägerfäden. Den rechten Arbeitsfaden über den linken Arbeitsfaden legen und diesen dann unter die beiden Trägerfäden durch den Zwischenraum des linken Arbeitsfadens sowie der Trägerfäden nach vorne führen.

3.

Ziehen Sie den zweiten Teil des Kreuzknotens fest.

4.

Mehrere Kreuzknoten untereinander geknotet ergeben einen glatten, gleichmäßigen Strang. Um ein gleichmäßiges Knotenbild zu erhalten, schieben Sie die einzelnen Knoten immer wieder entlang der Trägerfäden nach oben. Es sollte nur wenig der Trägerfäden zu sehen sein.

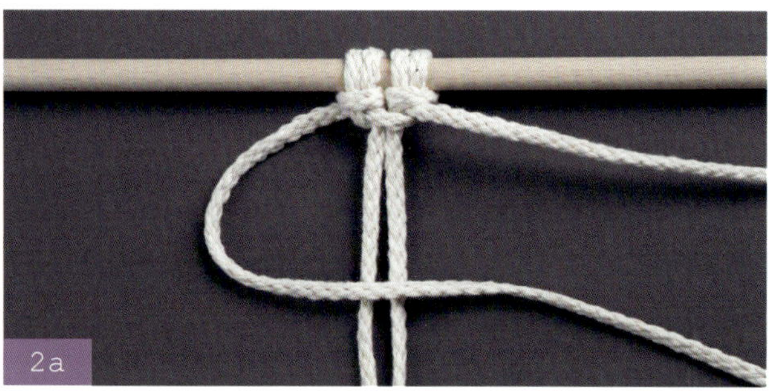

2a

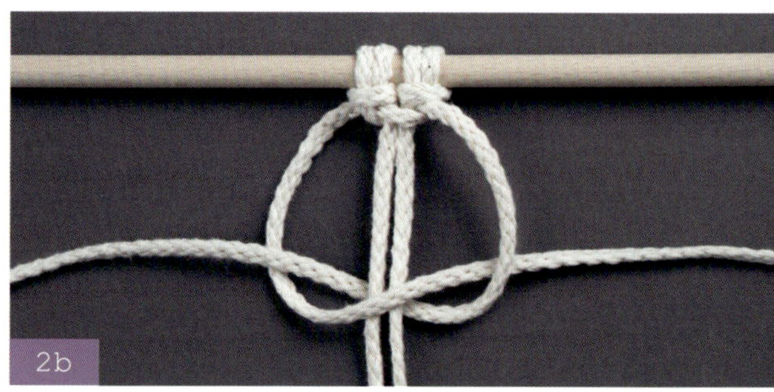

2b

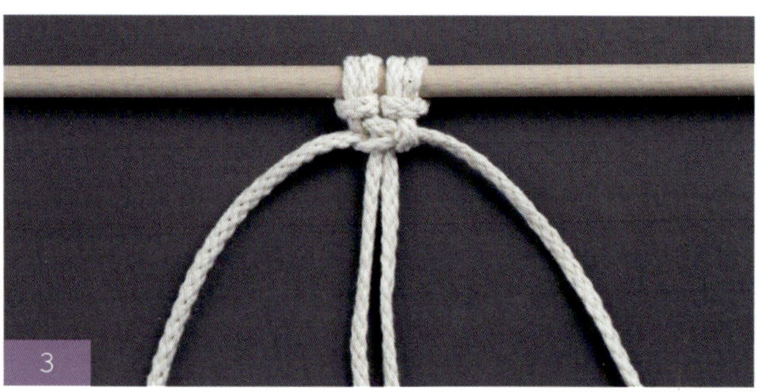

3

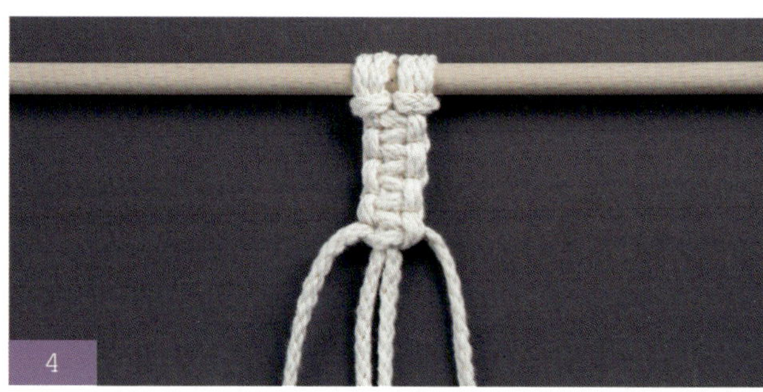

4

BEERENKNOTEN

Der Beerenknoten oder auch Berryknot (engl.) ist eine Variation des Kreuzknotens. Er gibt einem Muster eine dreidimensionale Komponente.

1.

Knoten Sie drei Kreuzknoten untereinander. Setzen Sie dabei den ersten Kreuzknoten in einem kleinen Abstand von etwa 0,5 cm zum Trägermedium (hier der Holzstab).

2.

Die beiden Trägerfäden von vorne mittig durch den kleinen Zwischenraum zwischen Trägermedium und ersten Kreuzknoten führen.

3.

Ziehen Sie die Trägerfäden nach unten, sodass wieder vier Stränge vor Ihnen liegen. Der Beerenknoten zeigt nun schon seine rundliche Form.

4.

Um den Beerenknoten zu fixieren, einen weiteren Kreuzknoten unter die „Beere“ knoten.

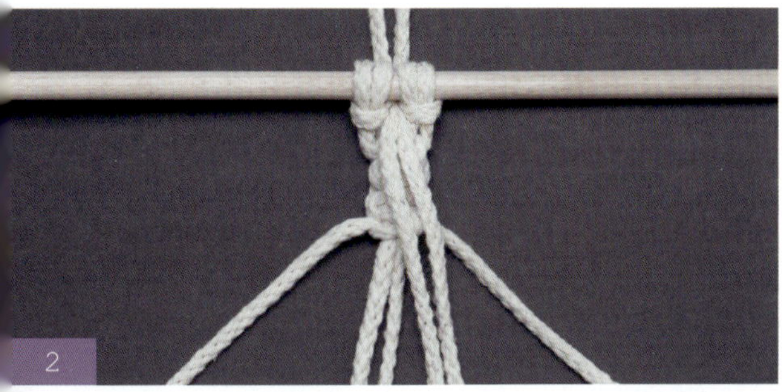
2

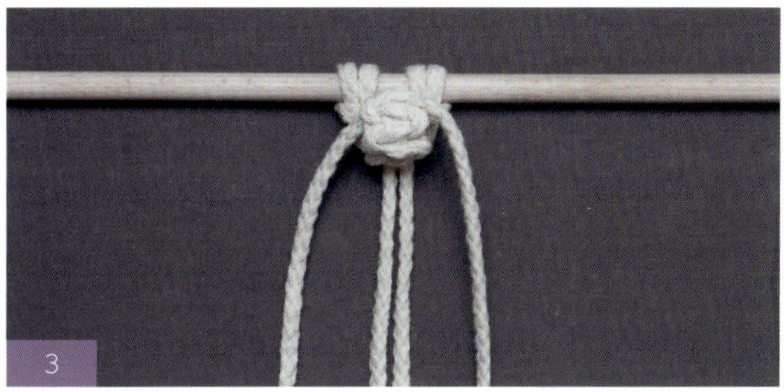
3

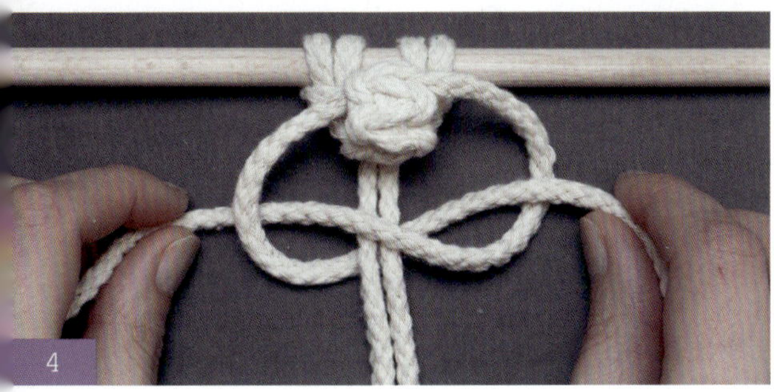
4

WICKELKNOTEN

Mit dem Wickelknoten werden mehrere Stränge zusammengehalten.

1.

Legen Sie das Fadenende eines extra Fadens nach oben auf die Stränge, die zusammengehalten werden sollen und führen Sie das andere Ende so nach oben, dass eine Schlaufe entsteht. Wenn es eine Vorder- und Rückseite gibt, legen Sie den zusätzlichen Faden auf der Rückseite auf alle Stränge.

2.

Wickeln Sie das lange Ende straff um alle Stränge sowie um das andere kurze Ende. Das lange Ende wickeln Sie nun mehrfach eng um alle Stränge und die Schlaufe, sodass immer weniger von der Schlaufe zu sehen ist.

3.

Wenn der Faden zu kurz wird oder Sie der Meinung sind, dass Sie genug umwickelt haben, führen Sie das Ende, mit dem Sie die ganze Zeit umwickelt haben, durch die Schlaufe.

4.

Ziehen Sie an dem oberen Fadenende um die Schlaufe zuzuziehen, sodass der durchgeführte Faden und die Schlaufe unter dem Umwickelten verschwinden. Wichtig: Ziehen Sie nicht so sehr, dass Sie die Schlaufe oben hervorziehen. Die Schlaufe sollte etwa auf der Hälfte unter dem Umwickelten liegen.

5.

Schneiden Sie beide Enden bündig zum Wickelknoten ab.

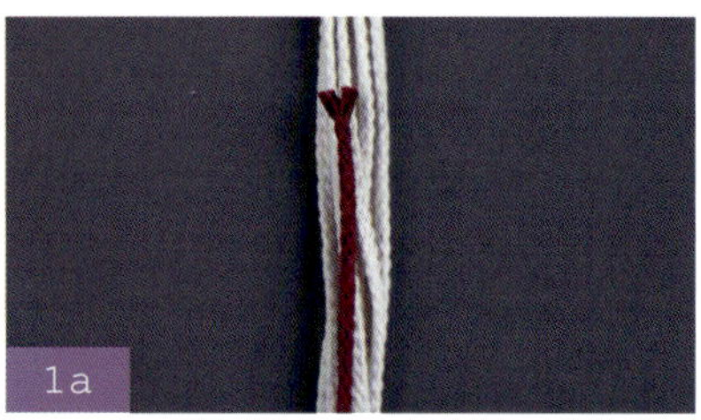
1a

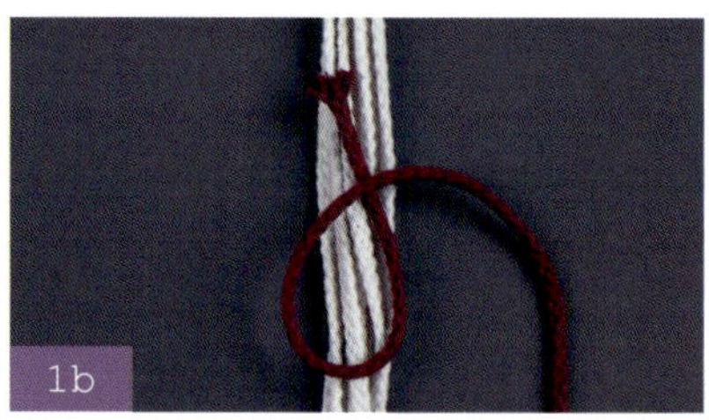
1b

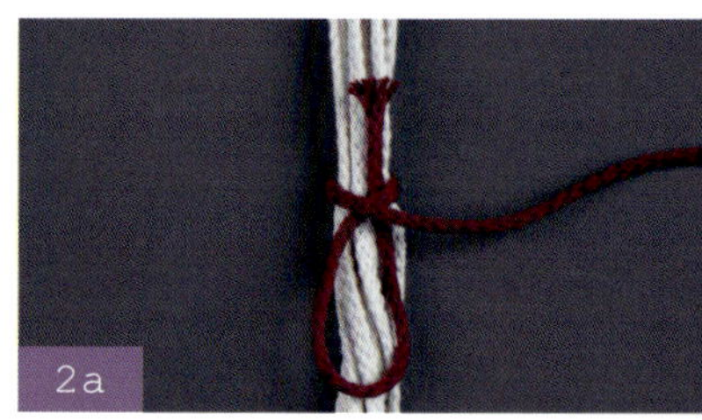
2a

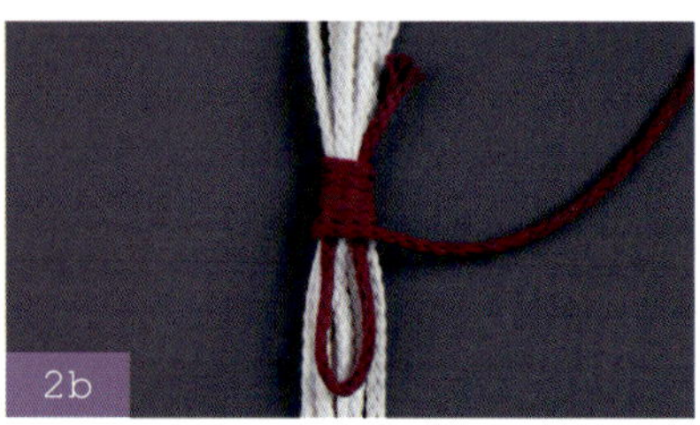
2b

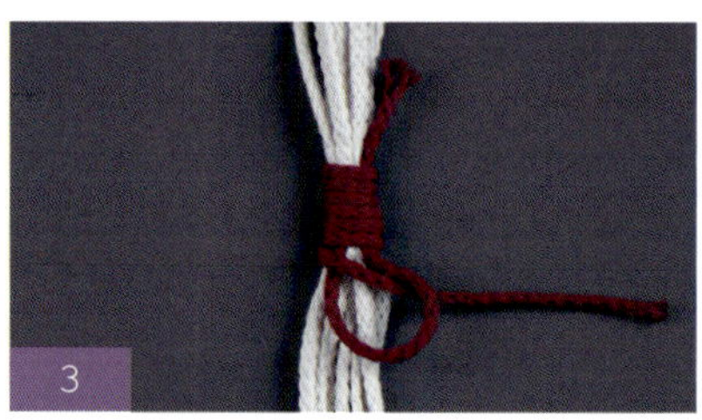
3

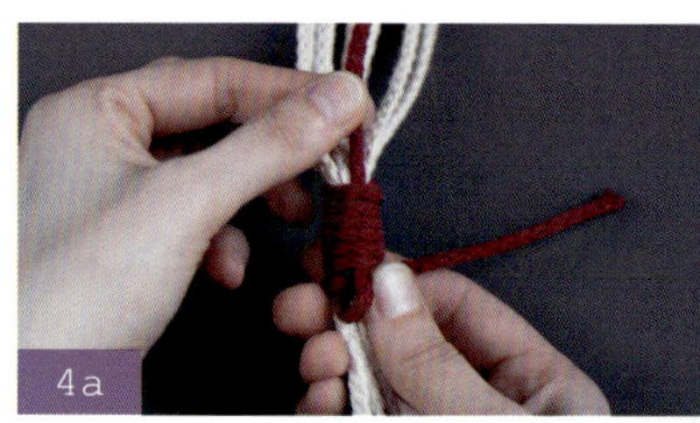
4a

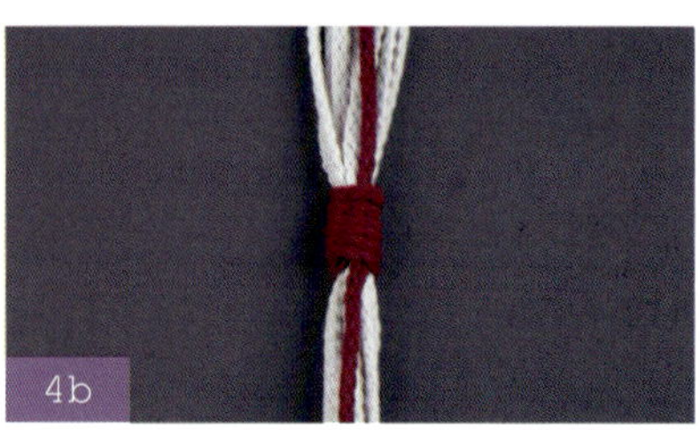
4b

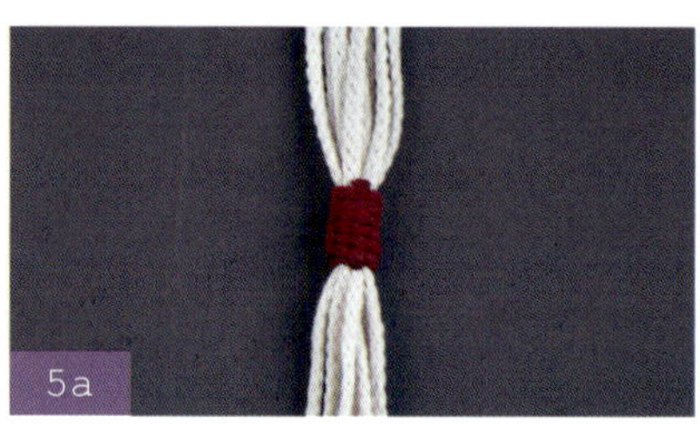
5a

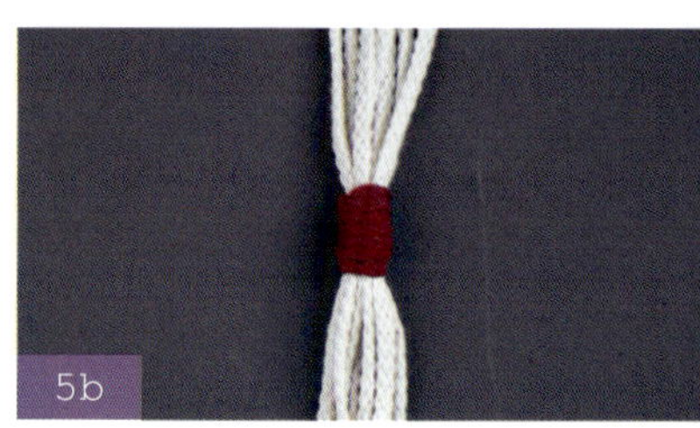
5b

RIPPENKNOTEN

Mehrere Rippenknoten nebeneinander geknotet ähneln einer Rippe. Beim Rippenknoten werden mehrere Arbeitsfäden mit jeweils zwei halben Schlägen entlang eines Trägerfadens geknotet, um eine Rippe zu erhalten.
Man unterscheidet den **rechts und links geknüpften Rippenknoten**. Beim rechts geknüpften Rippenknoten werden die Arbeitsfäden nach rechts gehend und beim links geknüpften Rippenknoten nach links gehend über den Trägerfaden gelegt.

1.

Halten Sie den Trägerfaden über die Arbeitsfäden straff in die Richtung, in die die Rippe verlaufen soll. Behalten Sie den Trägerfaden die ganze Zeit straff in der Hand und versuchen Sie diese nicht viel zu bewegen. Knoten Sie nur mit der anderen Hand.

2.

Legen Sie den ersten Arbeitsfaden locker über den Trägerfaden.

3.

Führen Sie nun den Arbeitsfaden unter den Trägerfaden durch die eigene Schlaufe. Ziehen Sie den ersten halben Schlag entlang des Trägerfadens fest. Soll die Rippe direkt entlang der Knotenreihe zuvor geknotet werden, ziehen Sie den ersten halben Schlag fest, bis er direkt an der Knotenreihe davor liegt. Wird ein Zwischenraum gewünscht, so ziehen Sie den ersten halben Schlag nur so weit fest, dass er im gewünschten Abstand zur Knotenreihe davor liegt.
Für den zweiten halben Schlag werden die Schritte 2 – 3 wiederholt.

4.

Ziehen Sie den zweiten Umschlag fest. Der zweite halbe Schlag fixiert den Rippenknoten.

links geknüpften Rippenknoten

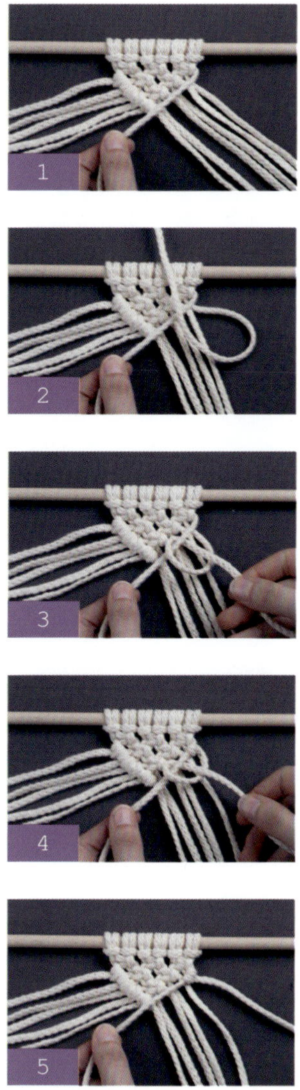

rechts geknüpften Rippenknoten

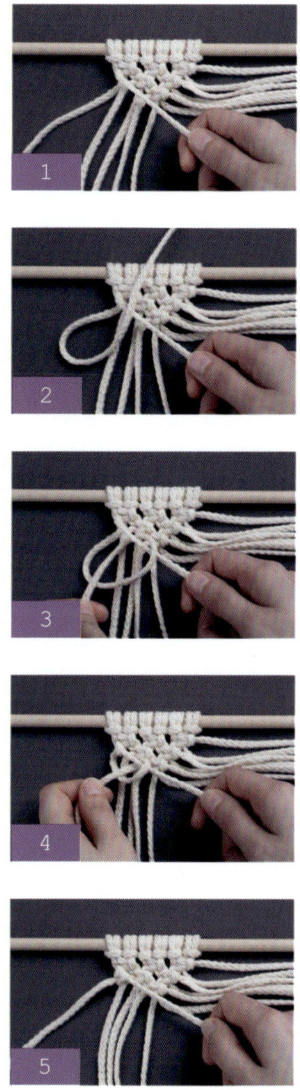

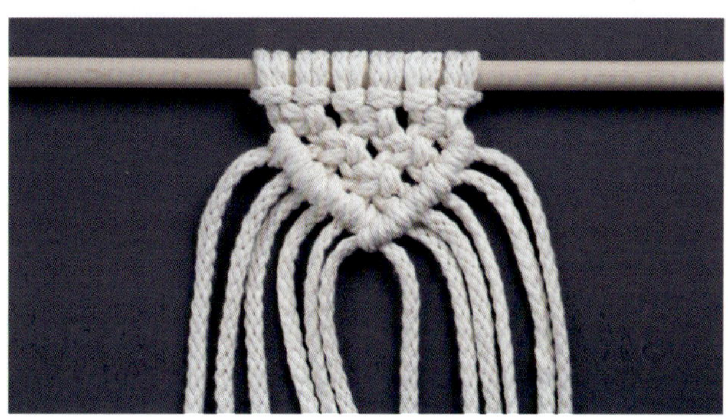

Tipps und Tricks für einfaches Arbeiten

Befestigung zum Knoten

Knoten Sie ein traditionelles Netz, reicht es in der Regel, wenn Sie den Ring beim Knoten mit einer Hand festhalten und mit der anderen Hand das Netz knoten. Bei modernen Modellen mit Makramee-Knüpfungen ist es ratsam, den Ring an eine Knothilfe oder -unterlage zu befestigen, um genügend Widerstand beim Knoten zu haben.
Sie können z. B. Ihr Trägermedium mit Kreppklebeband auf den Tisch kleben oder mithilfe von S-Haken an einer Kleiderstange, Schrank oder Tür hängen.
Vor allem bei Ringen mit kleineren Makramee-Mustern bietet es sich an, sich eine Konstruktion aus einem Holzbrett und einem Nagel anzufertigen. So können Sie den Ring an den Nagel hängen und diesen als Widerstand nutzen.

Perlen auffädeln

Perlen und Kugeln auffädeln kann eine Herausforderung sein, je nachdem wie dick und weich das Garn ist und auf wie viele Stränge man die Perle auffädeln möchte. Kleben Sie den unteren Teil des Strangs eng mit etwas Kreppklebeband ab. Wenn Sie die Perle auf zwei Stränge auffädeln möchten, kleben Sie beide Stränge zusammen ab. Mit einer Drehbewegung bekommt man die abgeklebten Stränge noch einfacher durch das Perlenloch.

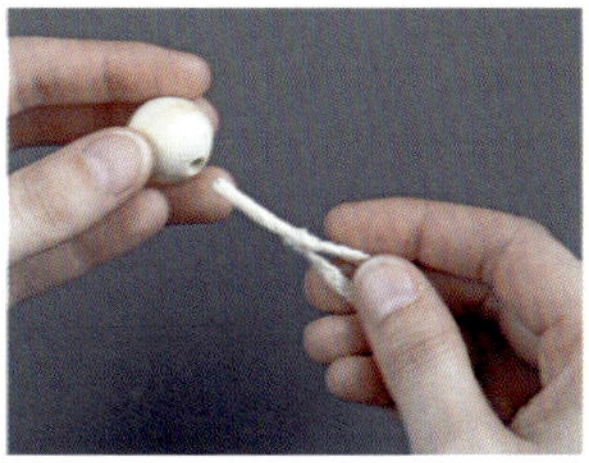

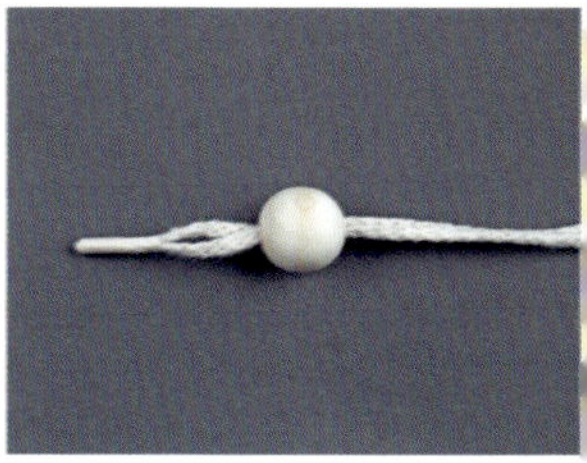

Versiegeln von Garnenden und Knoten

Vor allem bei Traumfängern ist es oft notwendig, Garnenden oder Knoten zu versiegeln, da die Fäden bündig abgeschnitten werden und nicht wieder aufgehen sollen. Wenn Sie Baumwollgarn verwenden, empfiehlt sich Textilkleber zum Versiegeln. Bei Nylonfäden oder Linhasita kann der Faden auf ein paar Millimeter gekürzt und anschließend mit einem Feuerzeug angezündet und festgedrückt werden. Durch das Anzünden schmilzt das Garn und so kann es durch das Festdrücken mit dem Feuerzeug versiegelt werden.

Äste vorbereiten

Möchten Sie an gesammelten Ästen knoten, legen Sie diese unter Beobachtung bei ca. 70 – 80 °C in den Ofen, damit sie trocknen können und mögliches Ungeziefer abstirbt. Klemmen Sie einen Holzlöffel in die Ofentür, damit die Feuchtigkeit abziehen kann und holen Sie die Äste raus, wenn sie durchgetrocknet sind. Vor dem Knoten bietet es sich an, die Äste von Rinde zu befreien und abzuschleifen, z. B. mit einem Multifunktionswerkzeug oder per Hand mit Schmirgelpapier.
Beim Schleifen zum Schutz der Atemwege immer eine Staubschutzmaske tragen.

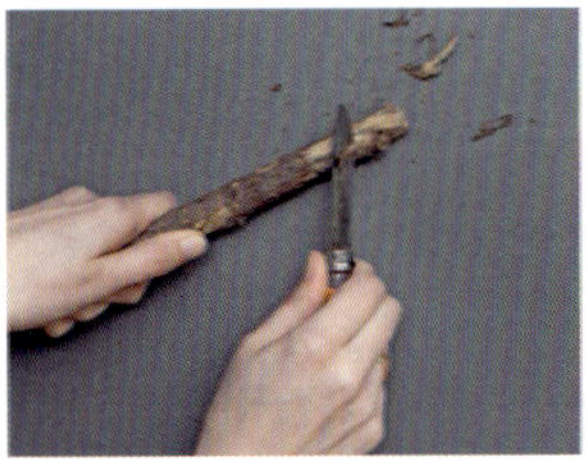

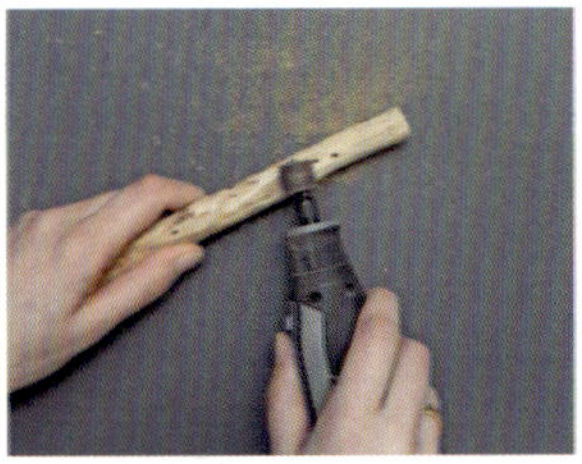

Ausfransen der Strangenden

Vor allem kürzer zugeschnittene Stränge werden gerne ausgefranst. Bei geflochtenem Garn ist das gar nicht so einfach. Geflochtene Garne lassen sich relativ einfach mit einer Tierhaarbürste mit feinen Metallborsten aufkämmen. Zusätzlich ist der Einsatz einer Nadel oder eines anderen spitzen Gegenstands sinnvoll, um hartnäckigere Stellen aufzudröseln.
Geflochtenes Garn neigt dazu, etwas kraus zu sein, nach dem Auskämmen. Um dem entgegenzuwirken, besprühen Sie es mit Wasser und kämmen Sie es anschließend glatt.

Mit langen Fäden knoten

Wenn zu lange Fäden beim Knoten stören, gibt es eine einfache Möglichkeit, sie zu kürzen. Legen Sie dazu die Fadenenden unten mehrfach zusammen, setzen Sie einen Knoten oder binden Sie die Enden mit einem Gummi zusammen.

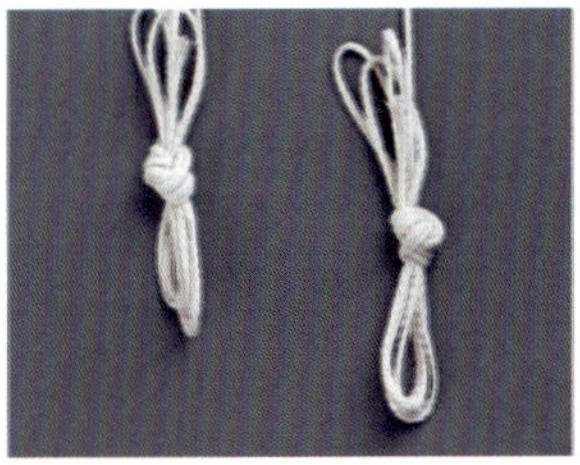

Traumfänger mit traditionellem Netz

Kleiner Traumfänger „Grayson"

MOTIVGRÖSSE

ca. 25 cm (ohne Aufhängung)

MATERIAL

- Baumwollgarn in Hellgrau, geflochten, ø 2 – 3 mm
- Polyesterfaden in Schwarz, ø 1 mm, 1,75 m lang
- 5 Polyesterfäden in Schwarz, ø 1 mm, 20 cm lang
- 5 Polyesterfäden in Schwarz, ø 1 mm, 30 cm lang
- Metallring, ø 10 cm
- 4 Holzperlen in Natur, ø 1 cm
- 3 kleine Federn
- 2 große Federn
- Textilkleber
- Schere

1.

Umwickeln Sie den Metallring fest mit hellgrauem Baumwollgarn. Fixieren Sie dabei den Anfang und das Ende mit Textilkleber.

2.

Anschließend knoten Sie ein Traumfängernetz in fünf Runden und acht Schlaufen mit schwarzem Polyestergarn in den Ring. Dabei fädeln Sie in der zweiten Runde gleichmäßig vier 1 cm große Holzperlen auf.

3.

Unten am Ring werden in einem Abstand von etwa 1,5 cm fünf 2 cm lange, schwarze Polyesterfäden befestigt. An das herunterhängende Ende werden jeweils Federn befestigt. Dabei werden sie in folgendem Abstand zum Ring fixiert (von links nach rechts): 6 cm, 0,5 cm, 8 cm, 0,5 cm, 6 cm.

4.

Oben am Ring befestigen Sie einen 30 cm langen, schwarzen Polyesterfaden mit einem Ankerknoten. Danach werden die beiden Enden mit einem Doppelknoten verknotet. Nun kann der Traumfänger aufgehängt werden.

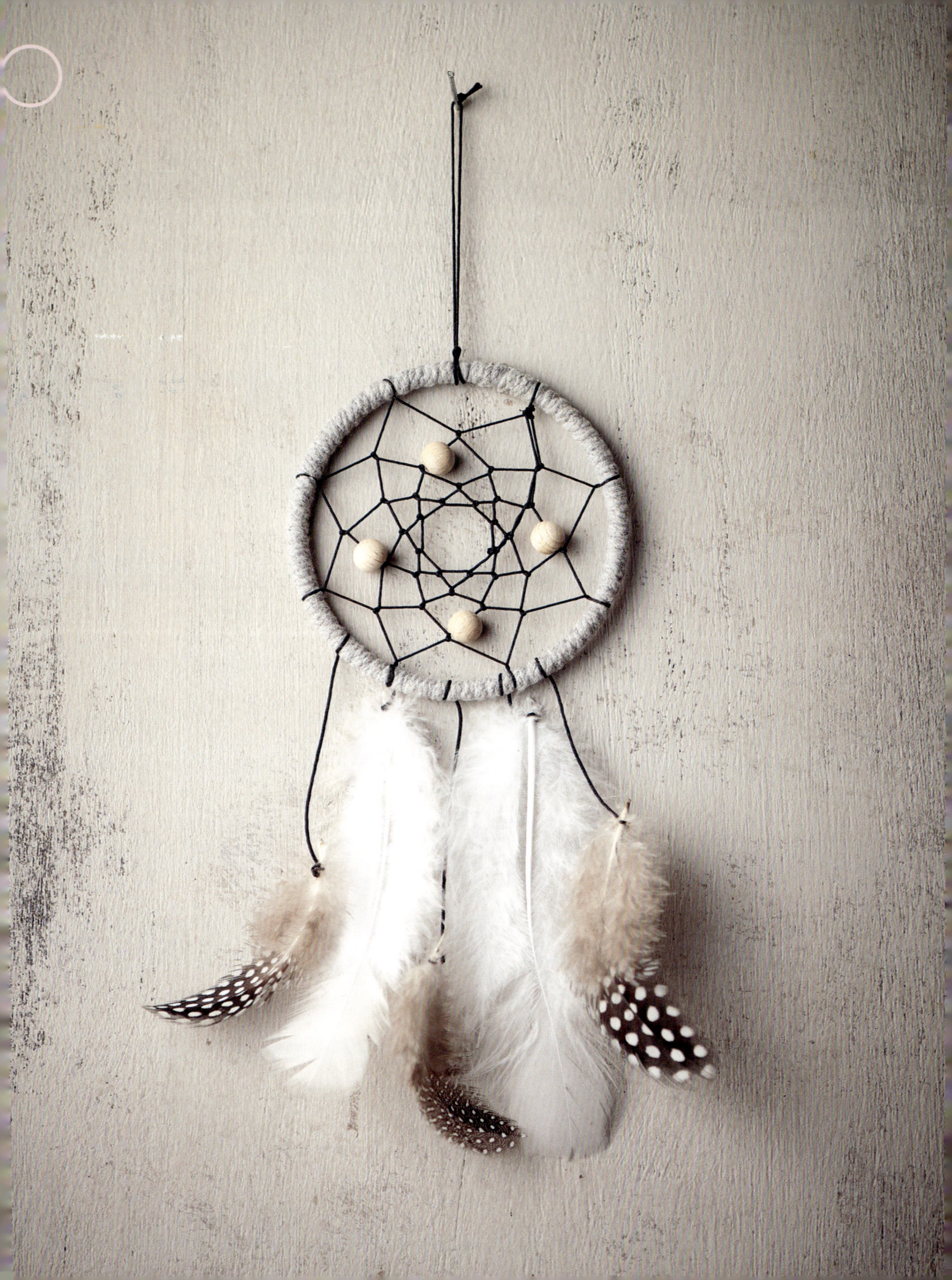

Prismen-Traumfänger „Magica"

MOTIVGRÖSSE

ca. 30 cm (ohne Aufhängung)

MATERIAL

- Nylonfaden in Schwarz, ø 0,8 mm, 6 m lang
- Nylonfaden in Schwarz, ø 0,8 mm, 1,60 m lang
- 3 Nylonfäden in Schwarz, ø 0,8 mm, 30 cm lang
- Baumwollfaden in Hellbraun, ø 4 mm, 4 m lang
- Baumwollfaden in Hellbraun, ø 4 mm, 2,25 m lang
- Metallring, ø 30 cm
- Metallring Viereck, 10 cm x 10 cm
- Prisma Kristall
- Heißklebepistole
- Textilkleber
- Feuerzeug
- Schere

1.

Umwickeln Sie beide Metallringe fest mit hellbraunem Baumwollgarn, den großen Metallring mit 4 m langem Garn und den kleinen, viereckigen Ring mit 2,25 m. Den Anfang und das Ende des Garns mit Heißkleber fixieren und das abgeschnittene Ende mit Textilkleber versiegeln.

2.

In den großen Metallring ein Traumfängernetz mit 6 m langem, schwarzem Nylongarn bestehend aus 19 Schlaufen und sechs Runden knoten. Danach in den viereckigen, kleinen Ring mit einem 1,60 m langem, schwarzen Nylonfaden ein Traumfängernetz aus acht Schlaufen und vier Runden knoten. Beim viereckigen Ring wird der letzte Netzknoten der ersten Reihe direkt über dem ersten Netzknoten gesetzt, um die Symmetrie zu wahren.

3.

Drehen Sie den viereckigen Ring so, dass eine der Ecken nach oben zeigt. Befestigen Sie nun an dem oberen Netzknoten mithilfe eines 30 cm langen, schwarzen Nylonfadens den Prismakristall, sodass er in der Mitte des Rings hängt. Kürzen Sie die Fadenenden und versiegeln Sie sie mit Schere und Feuerzeug.

4.

Zum Schluss befestigen Sie einen 30 cm langen, schwarzen Nylonfaden mit einem Ankerknoten an der oberen Ecke des viereckigen Rings und befestigen die beiden Enden an einem der Netzknoten der letzten Runde im großen Ring. Auch hier werden die Enden mit einem Feuerzeug versiegelt, nachdem sie gekürzt wurden.

5.

Zum Aufhängen wird oben an dem großen Metallring ein 30 cm langer, schwarzer Nylonfaden mit einem Ankerknoten befestigt. Der Ankerknoten sollte über dem Netzknoten liegen, an dem der viereckige Metallring in Schritt 4 befestigt wurde.

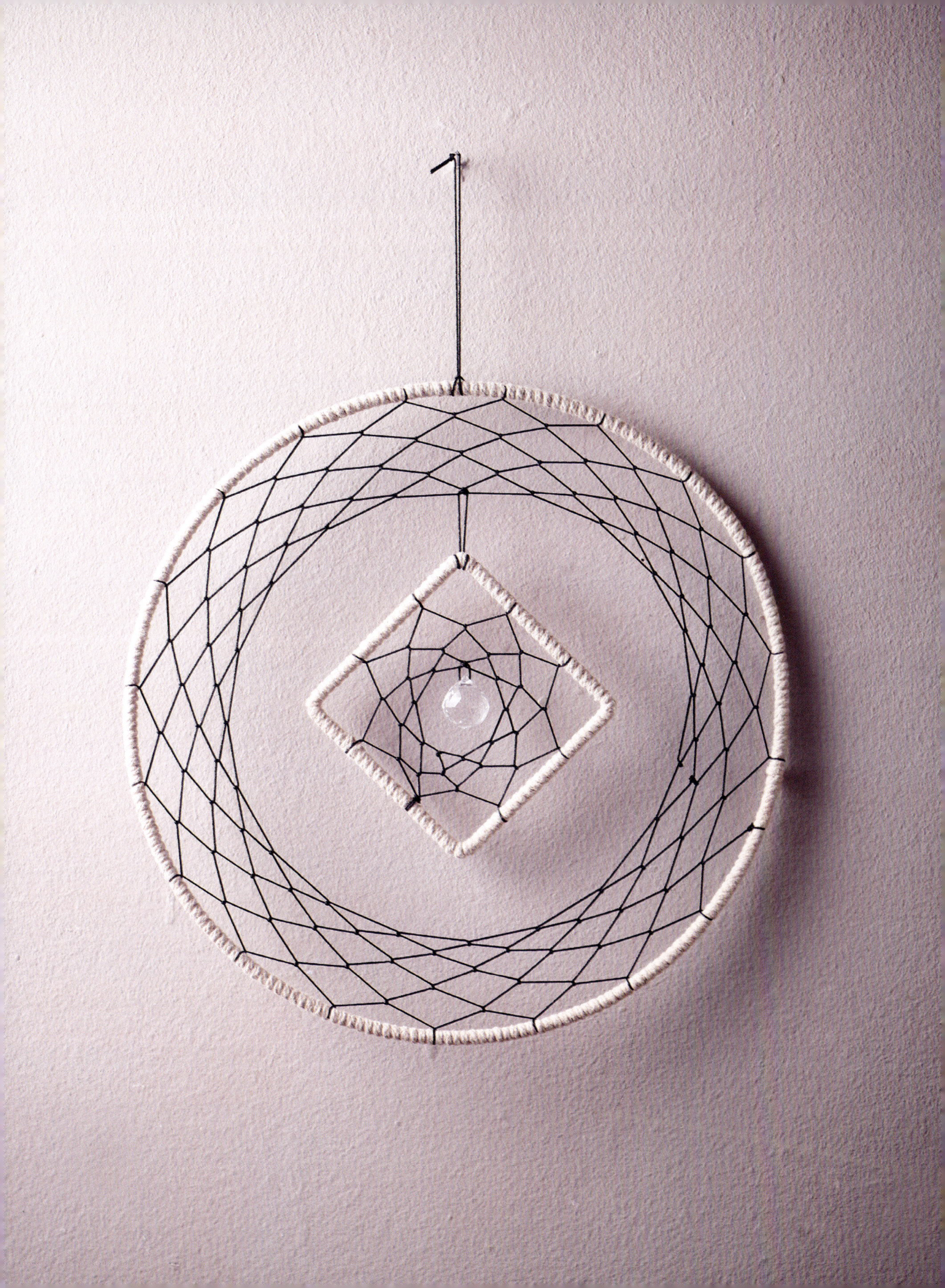

Weidenring-Traumfänger „Tiger Lily"

MOTIVGRÖSSE

ca. 30 cm (ohne Aufhängung)

MATERIAL

- Nylonfaden in Braun, ø 0,8 mm, 3 m lang
- 6 Nylonfäden in Braun, ø 0,8 mm, 35 cm lang
- Nylonfaden in Braun, ø 0,8 mm, 30 cm lang
- Weidenring, ø 20 cm
- 45 Keramikperlen in Weiß, Braun, Orange, ø 0,7 cm
- 6 Perlhuhn-Federn
- Feuerzeug
- Schere

1.

Knoten Sie mit einem 3 m langen braunen Nylonfaden ein Traumfängernetz bestehend aus neun Schlaufen und sechs Runden in Ihren Weidenring. Verknoten Sie das Fadenende, wenn Sie mit dem Netz fertig sind. Schneiden Sie den Faden aber noch nicht ab, Sie brauchen ihn noch in Schritt 2.

2.

Anschließend werden sechs Keramikperlen aufgefädelt und der Faden an dem gegenüberliegenden Netzknoten verknotet, abgeschnitten und mit einem Feuerzeug versiegelt.

3.

Drehen Sie den Weidering so, dass die Perlenreihe aus Schritt 2 nun senkrecht verläuft. Befestigen Sie unten am Weidering sechs 35 cm lange, braune Nylonfäden. Ich habe den ersten, dritten, vierten und sechsten Faden an den Fäden der Netzschlaufen befestigt und den zweiten und fünften Faden direkt um den Weidering. Arbeiten Sie mit Doppelknoten und versiegeln Sie die Enden mit einem Feuerzeug.

4.

Fädeln Sie auf jeden der Fäden aus Schritt 3 sechs Keramikperlen auf. Danach werden an jedem der Fäden eine Feder mit einem Doppelknoten befestigt. Befestigen Sie die Federn so, dass die Feder außen links am tiefsten hängt und die Feder außen rechts am höchsten hängt. Meine linke Feder hängt etwa 25 cm vom Weidenkranz entfernt und meine rechte Feder etwa 7 cm. Alle Federn dazwischen bilden eine Abstufung. Versiegeln Sie auch hier die Enden der Nylonfäden mit einem Feuerzeug.

5.

Zum Aufhängen des Traumfängers wird oben ein 30 cm langer, brauner Nylonfaden mit einem Ankerknoten befestigt, drei Keramikperlen aufgefädelt und die Enden miteinander verknotet.

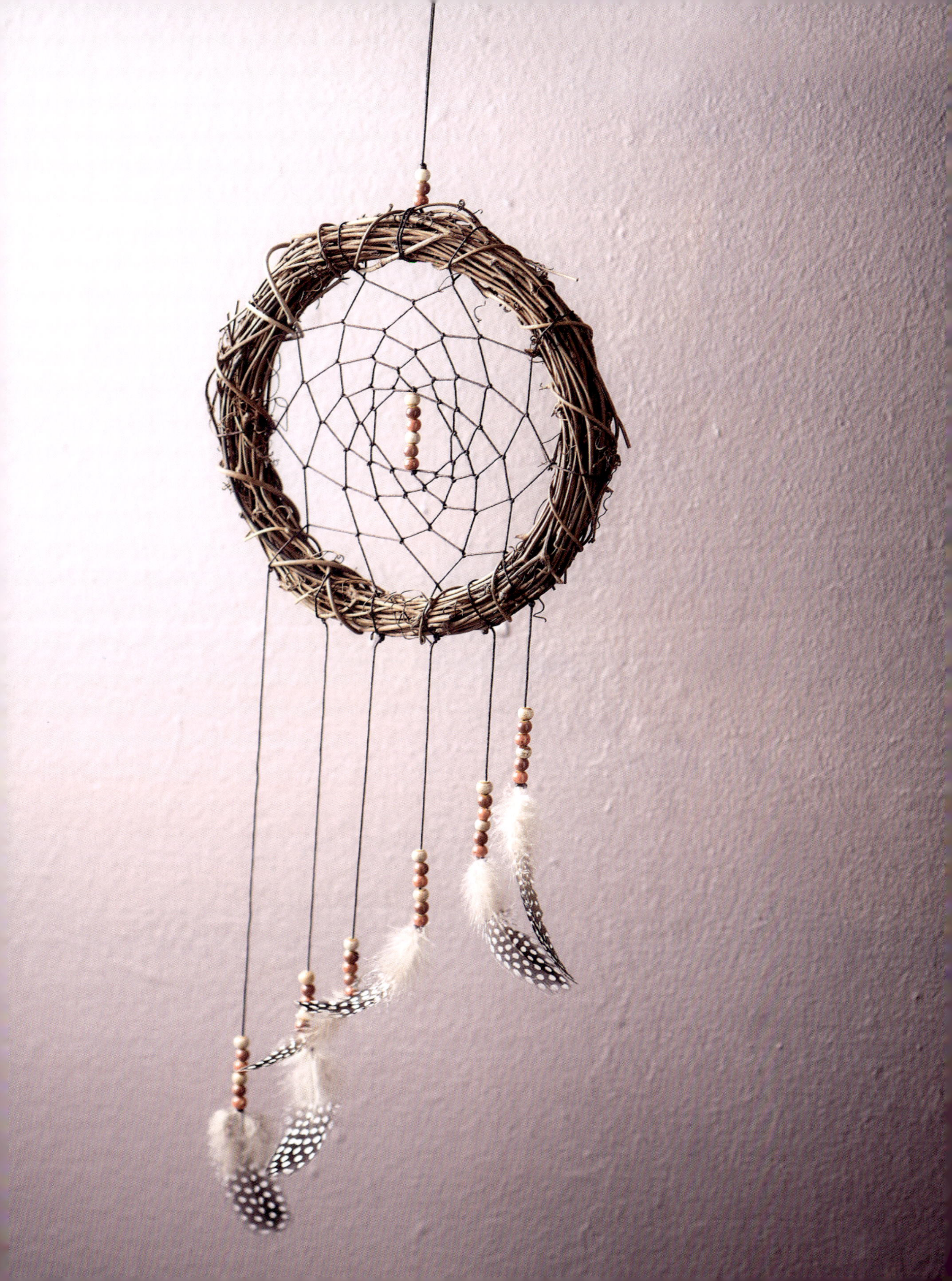

Rauten-Traumfänger „Manon"

MOTIVGRÖSSE

ca. 40 cm (ohne Aufhängung)

MATERIAL

- Nylonfaden in Hellgrau, ø 0,8 mm, 2 m lang
- Nylonfaden in Hellgrau, ø 0,8 mm, 60 cm lang
- Nylonfaden in Hellgrau, ø 0,8 mm, 30 cm lang
- Baumwollfaden in Jeansblau, ø 4 mm, 2,25 m lang
- 16 Baumwollfäden in Jeansblau, ø 4 mm, 60 cm lang
- Metallring Viereck, 10 cm
- 29 Holzperlen in Natur, ø 1 cm
- Holzperle in Natur, ø 1,5 cm
- Holzperle in Natur, ø 0,8 cm
- Holzperle in Natur, ø 0,6 cm
- Heißklebepistole
- Textilkleber
- Feuerzeug
- Schere

1.

Zuerst wird der viereckige Metallring fest mit 2,25 m langem, jeansblauem Baumwollgarn umwickelt. Fixieren und versiegeln Sie Fadenanfang und -ende mit Heißkleber.

2.

Knoten Sie mit einem 2 m langen, hellgrauen Nylonfaden ein Traumfängernetz mit acht Schlaufen und sechs Runden. Um die Symmetrie in dem viereckigen Ring zu wahren, wird hier der letzte Netzknoten direkt auf den ersten Netzknoten gesetzt. Das Ende verknoten Sie mit einem Doppelknoten, schneiden es aber noch nicht ab!

3.

Auf das Fadenende des Traumfängernetzes fädeln Sie nun eine 1,5 cm große Holzperle auf und fixieren das Ende des Fadens genau auf der anderen Seite mit einem Doppelknoten. Nun können Sie den Faden kürzen und mit einem Feuerzeug versiegeln.

4.

Mit einer Spitze nach oben gerichtet, befestigen Sie unten mittig an dem Ring die 16 jeansblauen Baumwollfäden mit dem von hinten geknoteten Ankerknoten.

5.

Befestigen Sie an der linken Ecke des viereckigen Metallrings einen 60 cm langen, hellgrauen Nylonfaden. Fädeln Sie anschließend 29 1 cm große Holzperlen auf. Nun das Fadenende an der rechten Ecke des Rings befestigen. Kürzen und versiegeln Sie beide Fadenenden.

6.

Nutzen Sie als Aufhängung einen 30 cm langen, hellgrauen Nylonfaden, auf den erst eine 0,8 cm große, dann eine 0,6 cm große Holzperle aufgefädelt wird.

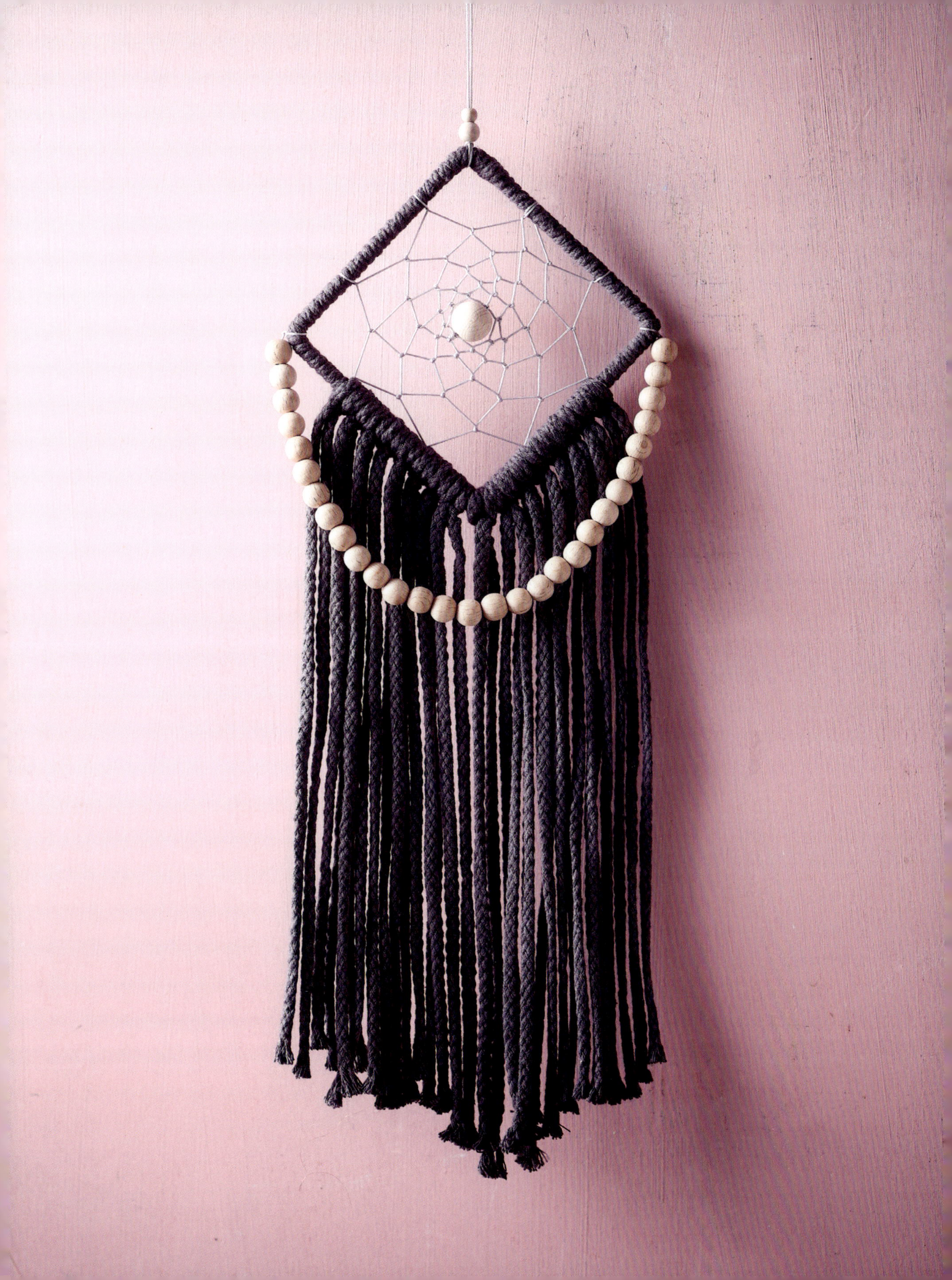

Mond-Traumfänger „Luna"

MOTIVGRÖSSE

ca. 50 cm (ohne Aufhängung)

MATERIAL

- Nylonfaden in Creme, ø 0,8 mm, 1,75 m lang
- Raffiabast in Sand, 1,70 m lang
- 2 Raffiabast in Sand, 3 m lang
- Raffiabast in Sand, 60 cm lang
- 30 Baumwollfäden in Natur, ø 1 mm, 65 cm lang
- Baumwollfaden in Natur, ø 1 mm, 30 cm lang
- Metallring, ø 10 cm
- Metallring, ø 20 cm
- 34 Holzperlen in Dunkelrot, Braun, Natur, ø 0,6 cm
- Holzperle in Dunkelrot, ø 1 cm
- Heißklebepistole
- Feuerzeug
- Schere

1.

Beide Metallringe fest mit Raffiabast umwickeln. Nutzen Sie 1,70 m Raffiabast für den kleinen Ring und 3 m für den großen. Fixieren Sie den Anfang und das Ende mit Heißkleber.

2.

Knoten Sie in den kleinen Ring ein Traumfängernetz mit cremefarbenen Nylonfaden bestehend aus neun Schlaufen und fünf Runden. Fixieren Sie die letzte Schlaufe mit einem Doppelknoten. Fädeln Sie nun neun kleine Holzperlen auf. Das Fadenende drei Schlaufen weiter mit einem Doppelknoten fixieren, kürzen und versiegeln. Die Perlen liegen nun sichelförmig.

3.

Kleben Sie den kleinen Ring mit Heißkleber, wie auf dem Bild, rechts in den großen Ring. Die Klebestelle wird mit 60 cm langem Raffia ca. 3 cm breit umwickelt. Fixieren Sie Fadenanfang und -ende.

4.

Nun wird ein 3 m langer Raffiabast-Faden im Zickzack über den freien Bereich zwischen dem kleinen und dem großen Ring gewickelt. Fixieren Sie den Bast dabei immer wieder auf der Rückseite, damit er nicht wegrutscht.

5.

Zum Schluss unten mittig am großen Ring 30 dünne, naturfarbene Baumwollfäden mit dem von hinten geknoteten Ankerknoten befestigen. Danach fädeln Sie auf fünf Fäden jeweils fünf kleine Holzperlen spitz zulaufend auf und setzen darunter einen Knoten. Knoten Sie einen weiteren Faden oben als Aufhängung an den Ring und fädeln Sie eine Perle auf. Schließen Sie mit einem Doppelknoten ab.

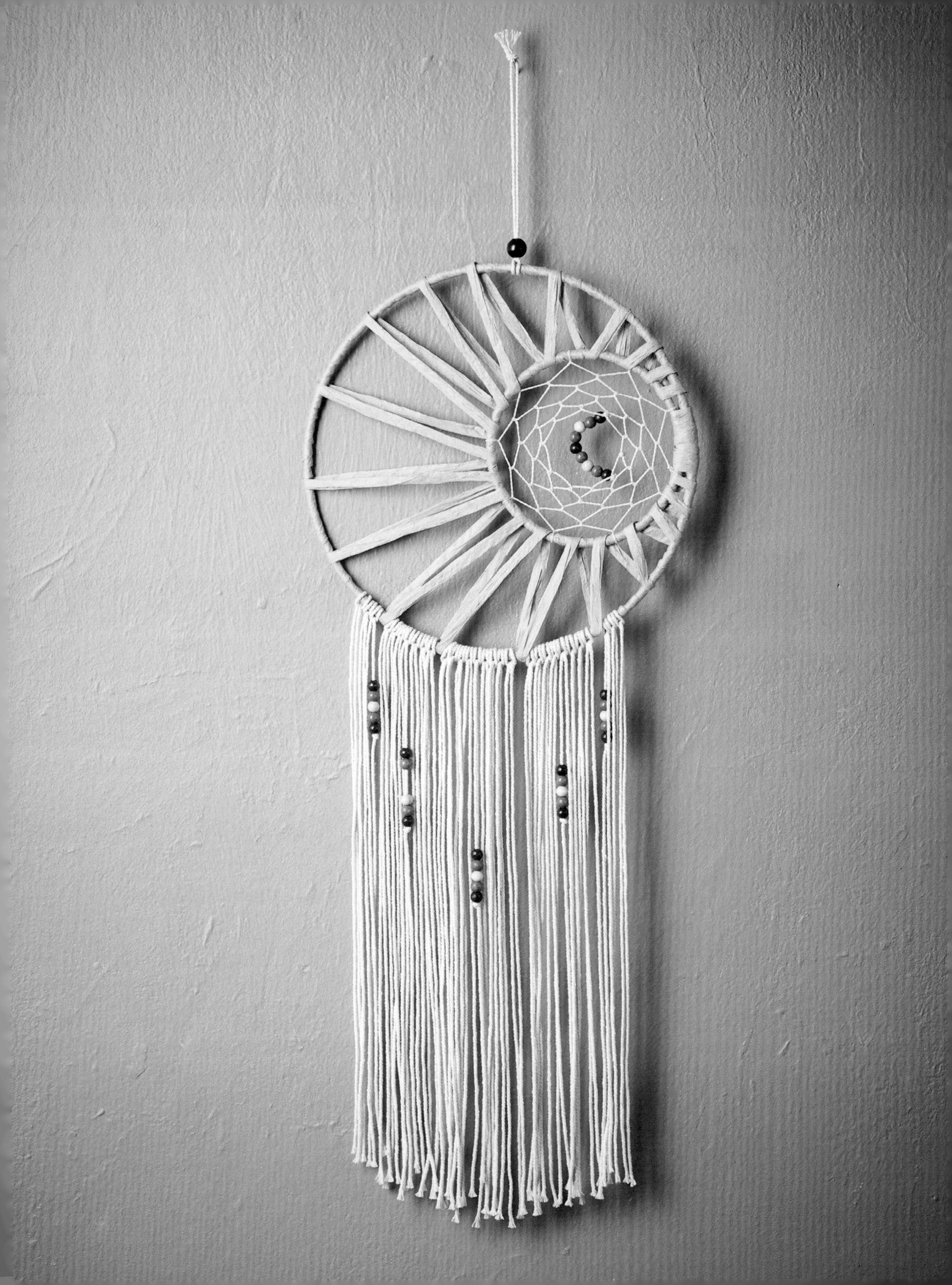

Dreiecks-Traumfänger „Trini"

MOTIVGRÖSSE

ca. 47 cm (ohne Aufhängung)

MATERIAL

- Nylonfaden in Schwarz, ø 0,8 mm, 2,50 m lang
- Baumwollfaden in Natur, ø 4 mm, 2,10 m lang
- 21 Baumwollfäden in Natur, ø 4 mm, 65 cm lang
- Metallring Dreieck in Gold, 20 cm
- Metallring, ø 15 cm
- 21 Edelstein-Splitterperlen in Türkis
- 4 Federn in Türkis mit Aufhängung
- Heißklebepistole
- Textilkleber
- Feuerzeug
- Schere

1.

Im ersten Schritt wird der runde Metallring mit einem 2,10 m langen, naturfarbenen Baumwollfaden fest umwickelt. Fixieren Sie den Anfang und das Ende mit Heißkleber und versiegeln Sie das abgeschnittene Ende mit Textilkleber.

2.

Knoten Sie mit einem 2,50 m langen, schwarzen Nylonfaden in den runden Metallring ein Traumfängernetz mit sieben Schlaufen und sechs Runden. In der ersten Runde fädeln Sie immer zwei Edelstein-Splitterperlen pro Schlaufe auf und auf die Schlaufe, die die erste Runde beendet und die nächste Runde einläutet nur eine Edelsteinperle. In der zweiten Runde setzen Sie den Netzknoten immer zwischen die beiden Perlen der ersten Runde. Verknoten Sie das Ende des Netzes, schneiden Sie den Faden aber noch nicht ab!

3.

Auf das Fadenende aus Schritt 2 fädeln Sie nun noch 5 – 6 Edelstein-Splitterperlen auf und fixieren das Fadenende genau auf der gegenüberliegenden Seite mit einem Doppelknoten. Kürzen Sie das Fadenende und versiegeln Sie es mit einem Feuerzeug.

4.

Befestigen Sie an vier benachbarten Netzknoten der ersten Runde je eine Feder mit etwas Nylonfaden.

5.

An der unteren Kante des dreieckigen Metallrings befestigen Sie 21 Baumwollfäden in 65 cm Länge mit dem von hinten geknoteten Ankerknoten und kleben den runden Metallring mit Heißkleber mittig auf das Dreieck, sodass die Federn nach unten hängen.

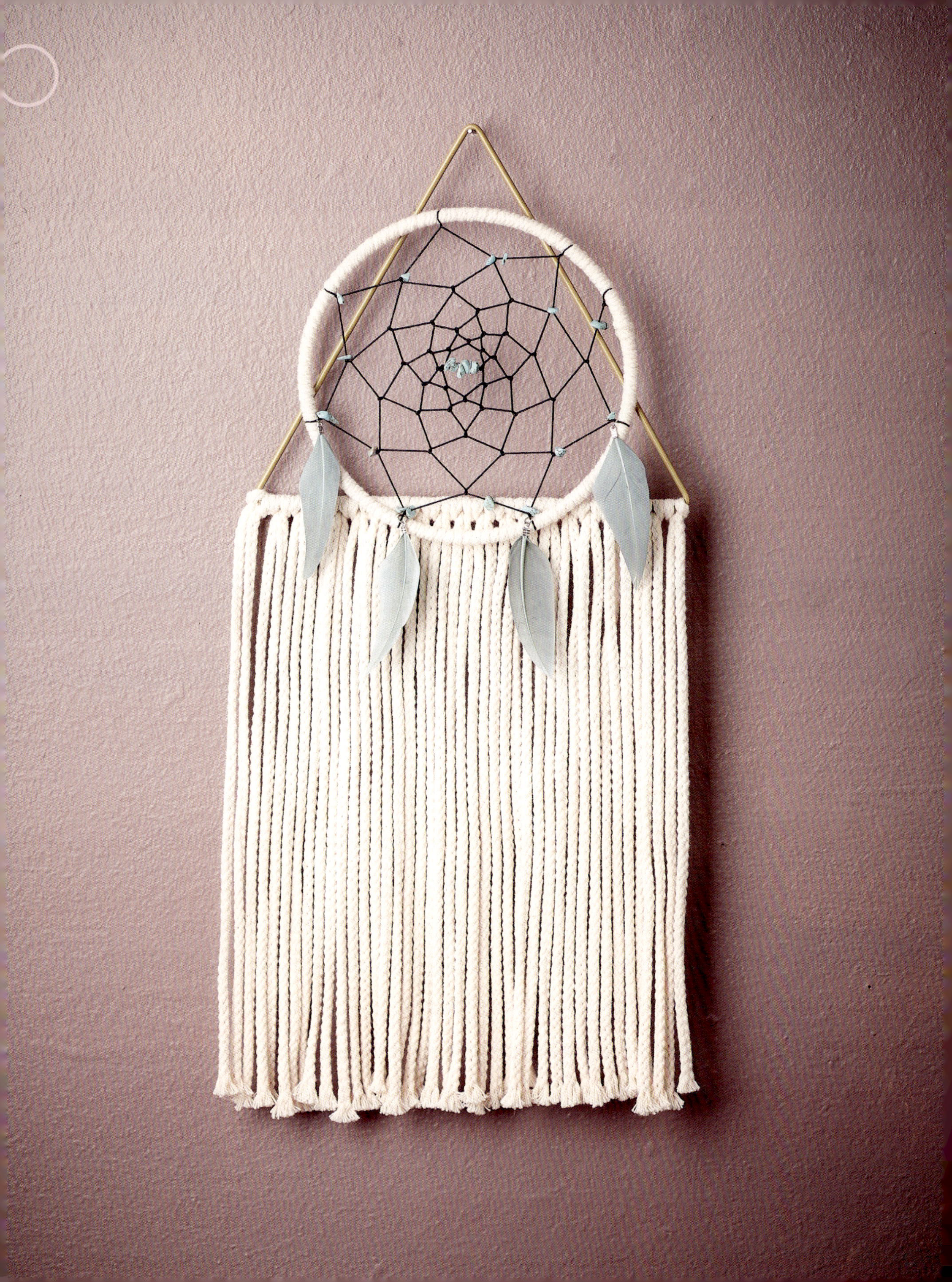

Traumfänger „Hanwi"

MOTIVGRÖSSE

ca. 53 cm (ohne Aufhängung)

MATERIAL

- Nylonfaden in Gold, ø 0,8 mm, 3 m lang
- 2 Nylonfaden in Gold, ø 0,8 mm, 1,20 m lang
- Baumwollfaden in Schwarz, einfach gezwirnt, ø 4 mm, 3 m lang
- 2 Baumwollfäden in Schwarz, einfach gezwirnt, ø 4 mm, 1,30 m lang
- Baumwollfaden in Schwarz, einfach gezwirnt, ø 4 mm, 1,50 m lang
- 21 Baumwollfäden in Schwarz, einfach gezwirnt, ø 4 mm, 65 cm lang
- Metallring, ø 20 cm
- 2 Metallringe, ø 10 cm
- Schwarze Feder
- Ast, ca. 53 cm lang
- Heißklebepistole
- Textilkleber
- Feuerzeug
- Schere

1.

Zuerst werden die Metallringe mit schwarzem Baumwollgarn umwickelt. Nutzen Sie für die beiden kleinen Ringe je einen 1,30 m und für den großen Ring einen 3 m langen Baumwollfaden. Fixieren und versiegeln Sie den Anfang und das Ende mit Heißkleber.

2.

In den großen Ring ein Traumfängernetz mit elf Schlaufen und fünf Runden knoten, in die beiden kleinen Ringe wird nur etwas mehr als die Hälfte des Rings mit einem Netz in Mondform ausgefüllt. Dazu zuerst ein Netz mit fünf Schlaufen in den Ring knoten, sodass Sie etwas mehr als die Hälfte des Rings für die Schlaufen nutzen. Dann knoten Sie wieder zurück (hier knoten Sie also nicht im Kreis). Wickeln Sie dafür vorab den Faden, statt einmal, zweimal um den Ring. Auf dem Rückweg knoten Sie die Schlaufen spiegelverkehrt. Sollten Sie damit Ihre Probleme haben, drehen Sie den Ring auf die Rückseite und gehen Sie vor wie immer. Wiederholen Sie das, bis Sie 4 Reihen geknotet haben. Verknoten und versiegeln Sie den Faden wie gewohnt.

3.

Alle drei Ringe nebeneinander an einem Ast befestigen. Den großen Ring mittig platzieren. Wickeln Sie zum Befestigen einen schwarzen Baumwollfaden fest um den Ast und führen Sie dabei den Faden durch die Ringe, sodass sie an der gewünschten Stelle positioniert sind. Fadenanfang und -ende mit Heißkleber auf der Rückseite fixieren.

4.

Zum Schluss 15 Baumwollfäden in 65 cm Länge mit dem von hinten geknoteten Ankerknoten unten am großen Ring befestigen und jeweils fünf 65 cm lange Fäden an den beiden kleinen Ringen. In den großen Ring wird eine schwarze Feder oben am Netz fixiert.

5.

Nutzen Sie als Aufhängung einen 65 cm langen Baumwollfaden.

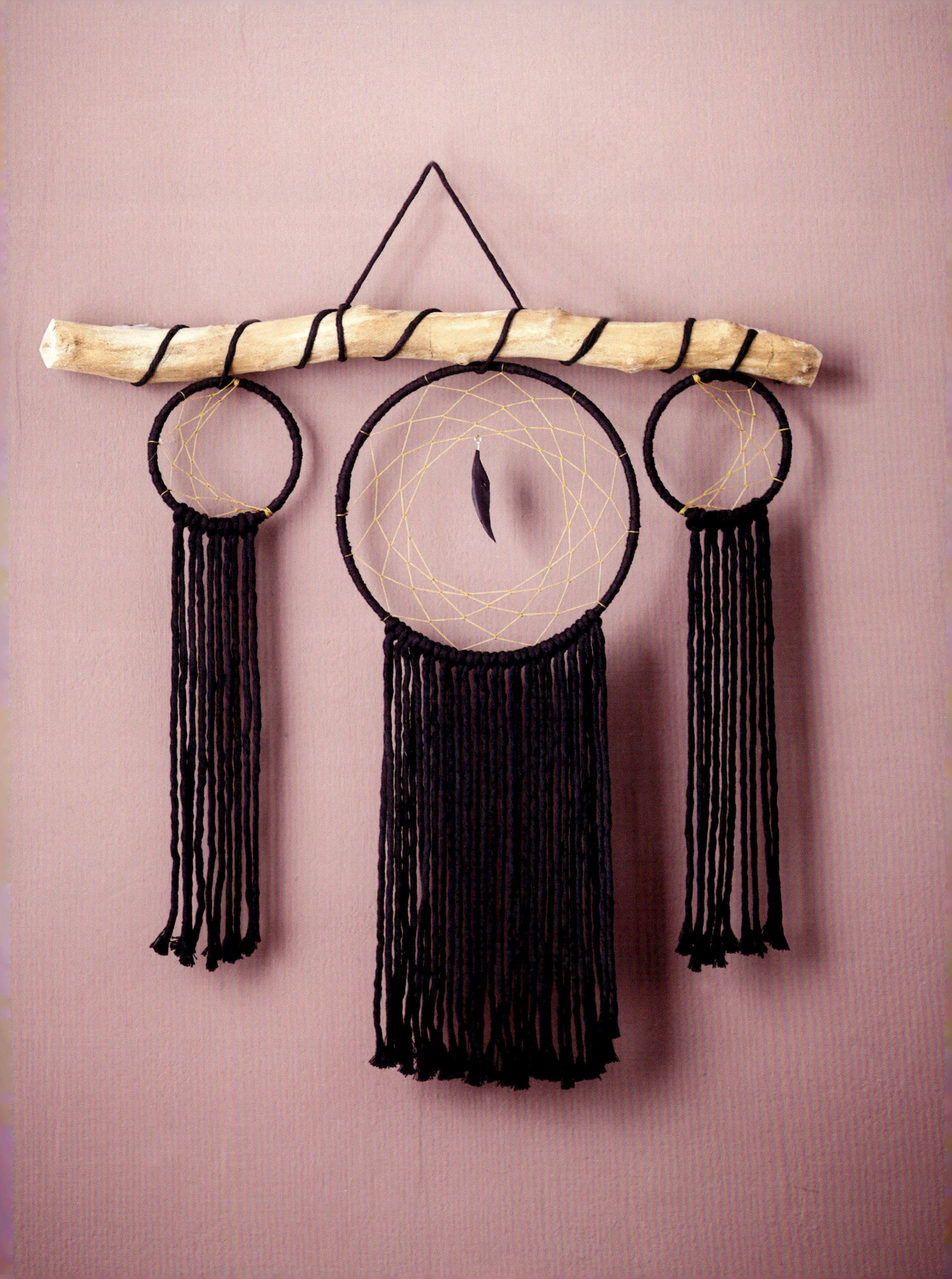

Rückspiegel-Traumfänger „Liv"

MOTIVGRÖSSE

ca. 11 cm (ohne Aufhängung)

MATERIAL

- Baumwollgarn in Honig/Toffee, geflochten, ø 4 mm, 1 m lang
- Nylonfaden in Braun, ø 0,8 mm, 1 m lang
- Nylonfaden in Braun, ø 0,8 mm, 25 cm lang
- Metallring, ø 5 cm
- 7 Perlen in Natur, ø 0,5 cm
- 2 Federn in Schwarz
- Heißklebepistole
- Textilkleber
- Feuerzeug
- Schere

1.

Umwickeln Sie im ersten Schritt den Metallring fest mit 1 m langem, honigfarbenem Baumwollgarn. Fixieren Sie dabei den Anfang und das Ende mit Heißkleber. Das abgeschnittene Ende kann zusätzlich mit Textilkleber versiegelt werden.

2.

Anschließend knoten Sie mit einem 1 m langen, braunen Nylonfaden ein Traumfängernetz mit sieben Schlaufen und vier Runden in den Ring. Arbeiten Sie zusätzlich vier Perlen der zweiten und dritten Runde des Netzes ein. Meine Perlen sind so eingearbeitet, dass Sie direkt auf einem Netzknoten liegen. Dazu wird eine Perle aufgefädelt, bevor der nächste Netzknoten geknotet wird, dann wird der Netzknoten geknotet und der Faden wieder durch die Perle gezogen.

3.

Damit der Traumfänger angehängt werden kann, befestigen Sie oben einen 25 cm langen, braunen Nylonfaden mit einem Ankerknoten am Ring, fädeln Sie drei Perlen auf und verknoten Sie die beiden Enden miteinander.

4.

Unten rechts am Ring werden auf der Rückseite zwei Federn mit Heißkleber befestigt.

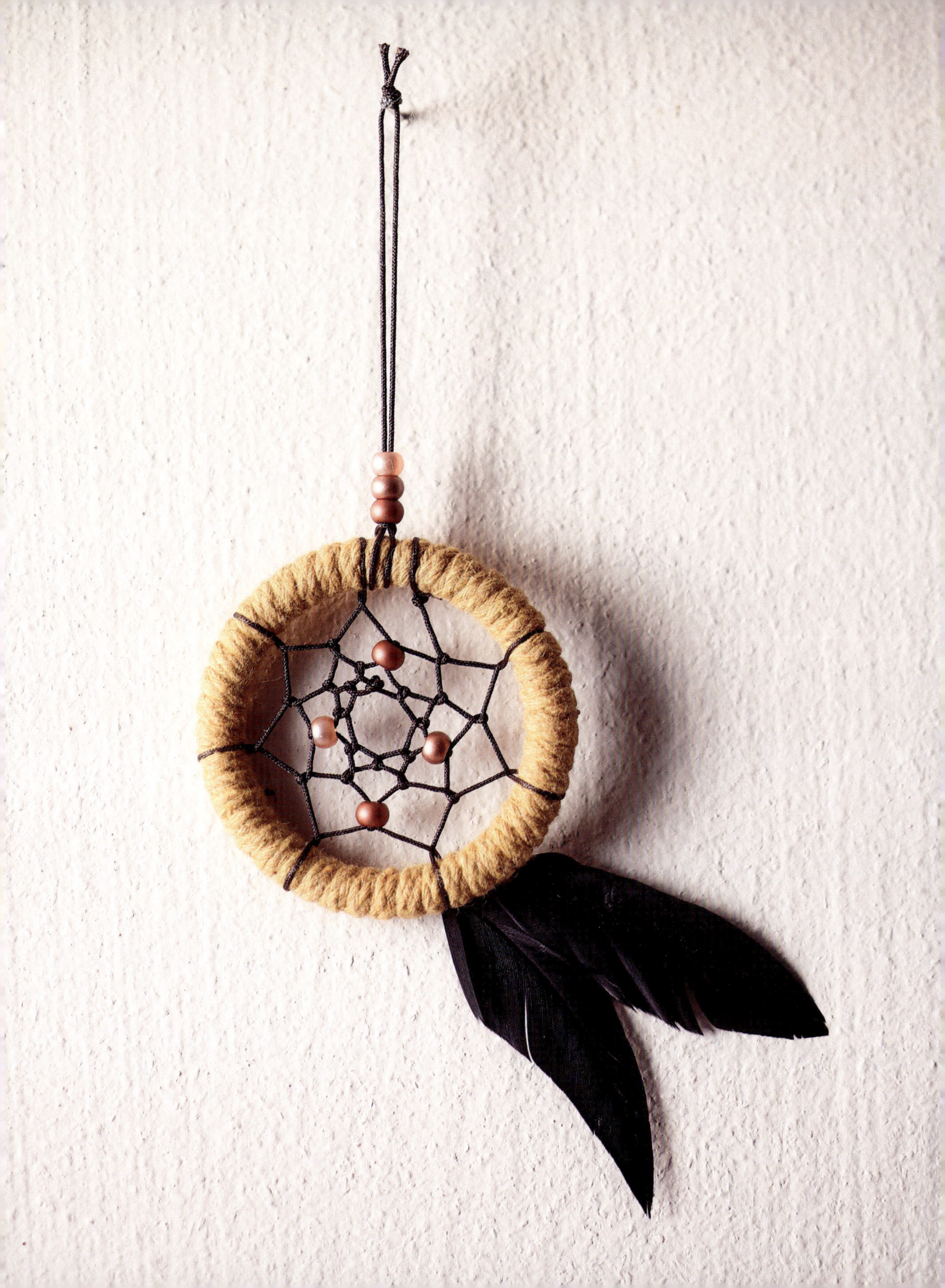

Makramee-Traumfänger

Makramee-Traumfänger „Diamond"

MOTIVGRÖSSE

ca. 55 cm (ohne Aufhängung)

MATERIAL

- 5 Baumwollfäden in Natur, geflochten, ø 4 mm, 2,60 m
- 9 Baumwollfäden in Natur, geflochten, ø 4 mm, 1,40 m
- Metallring in Gold, ø 20 cm
- Holzperle in Natur, ø 1,5 cm
- Schere

1.

Oben am Metallring fünf 2,60 m lange Baumwollfäden mit dem von vorne geknoteten Ankerknoten befestigen.

2.

Mit den befestigten Fäden wird ein Diamantmuster geknotet. Dazu teilen Sie alle Stränge in der Mitte auf, sodass auf beide Seiten jeweils fünf Stränge liegen. Legen Sie für diesen Schritt die rechten fünf Stränge weg. Halten Sie den rechten, äußeren Strang der linken Seite als Trägerfaden über die Arbeitsfäden schräg nach links unten. Knoten Sie eine Rippenknoten-Reihe.

3.

Wiederholen Sie Schritt 2 für die Stränge der rechten Seite. Hier dient der linke, äußere Strang als Trägerfaden.

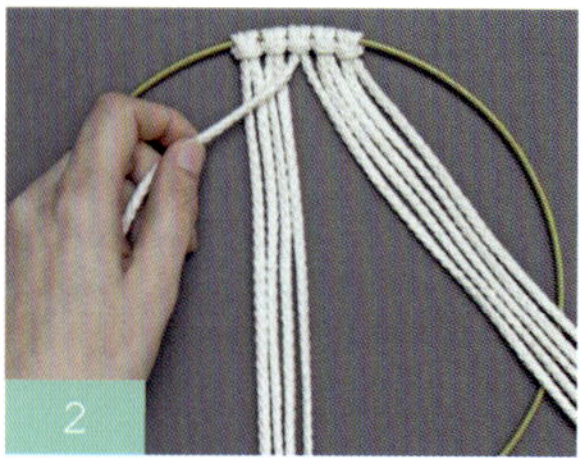

2

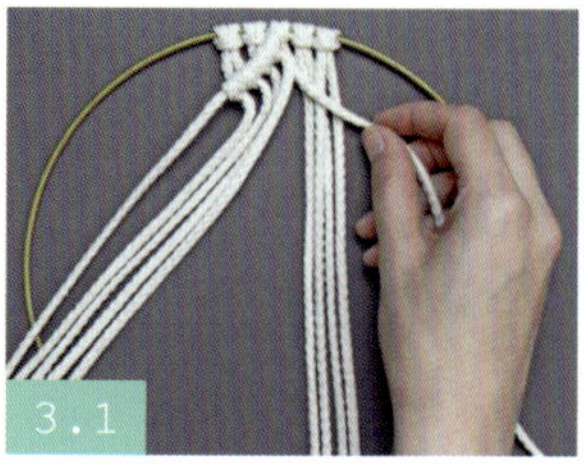

3.1

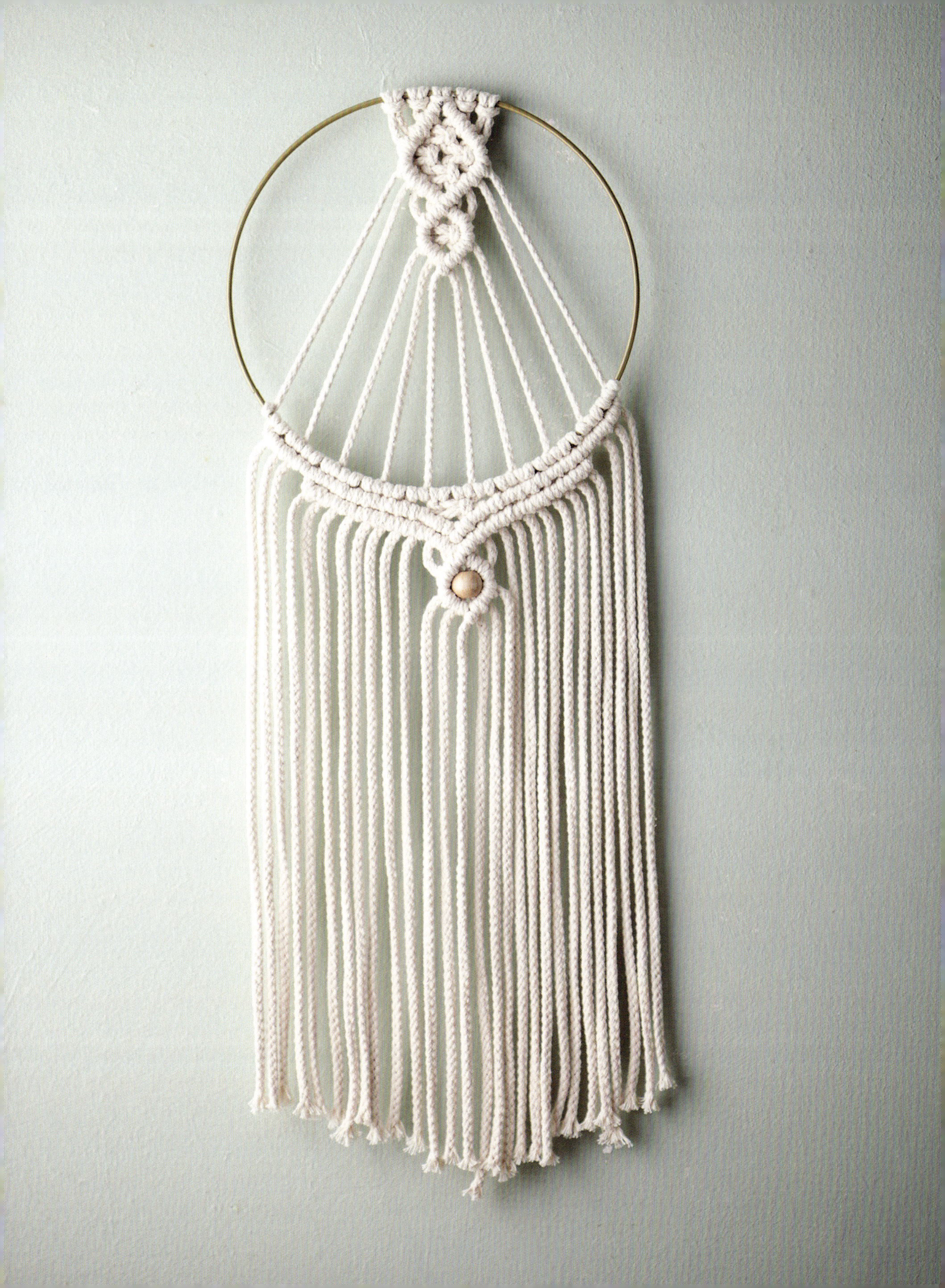

4.

In die Zelle wird nun eine kleine Raute aus Kreuzknoten geknotet. Dazu zuerst mit den mittleren vier Strängen einen Kreuzknoten knoten. Anschließend auf beiden Seiten jeweils zwei Stränge hinzunehmen und zwei Kreuzknoten nebeneinander knoten. Zum Schluss erneut mit den mittleren vier Strängen einen Kreuzknoten knoten.

5.

Nun wird die Zelle nach unten hin geschlossen. Dazu erneut alle Stränge in der Mitte aufteilen, sodass auf beide Seiten je fünf Stränge liegen. Die Stränge der rechten Seite werden wieder weggelegt. Den äußeren, linken Strang als Trägerfaden über die Arbeitsfäden schräg nach unten in die Mitte halten und eine Rippenknoten-Reihe knoten.

6.

Wiederholen Sie Schritt 5 für die Stränge der rechten Seite. Hier dient der rechte, äußere Strang als Trägerfaden. Um die Rippenknoten-Reihe in der Mitte zu verbinden, wird der Trägerfaden aus Schritt 5 als zusätzlicher Arbeitsfaden geknotet.

7.

Es folgt eine weitere, kleinere Zelle. Legen Sie dazu auf beiden Seiten jeweils die äußeren beiden Stränge weg. Gehen Sie sonst vor, wie in Schritt 2 – 6 beschrieben. Die kleine Zelle wird nur mit einem Kreuzknoten gefüllt. Knoten Sie dazu mit den mittleren vier Strängen einen Kreuzknoten.

8.

Anschließend werden die Stränge unten am Ring je mit einem Rippenknoten befestigt. Dazu die Stränge etwas auffächern. Achten Sie darauf, dass der Ring auf den Strängen liegt, da er hier als Trägermedium für die Rippenknoten dient. Die Stränge werden so befestigt, dass zwischen Ihnen Platz für einen Ankerknoten ist, also etwa 1 cm. Tipp: Beginnen Sie mit den mittleren beiden Strängen und arbeiten Sie sich nach außen vor.

9.

In den neun Zwischenräumen zwischen den befestigten Strängen wird jetzt jeweils ein 1,40 m langer Baumwollfaden mit dem von hinten geknoteten Ankerknoten befestigt.

10.

Knoten Sie danach mit den mittleren vier Strängen einen Kreuzknoten direkt unter den Metallring.

11.

Es folgen zwei Rippenknoten-Reihen. Für die erste Reihe teilen Sie alle Stränge in der Mitte auf, sodass auf beiden Seiten jeweils 14 Stränge liegen. Legen Sie die Stränge der rechten Seite für diesen Schritt weg. Halten Sie den äußeren linken Strang als Trägerfaden über die Arbeitsfäden in die Mitte. Knoten Sie eine Rippenknoten-Reihe eng entlang der vorherigen Knoten.

12.

Wiederholen Sie Schritt 11 für die Stränge der rechten Seite. Hier dient der rechte, äußere Strang als Trägerfaden. Um die Rippenknoten-Reihe in der Mitte zu verbinden, nutzen Sie den Trägerfaden aus Schritt 11 als letzten Arbeitsfaden.

13.

Nun folgt eine verkürzte Rippenknoten-Reihe. Dazu legen Sie auf beiden Seiten jeweils drei Stränge beiseite. Gehen Sie sonst genauso vor, wie in Schritt 11 – 12 beschrieben.

14.

Den Abschluss bildet ein kleines Diamantmuster. Dazu werden die mittleren sechs Stränge genutzt. Gehen Sie vor wie auch schon bei der kleinen Zelle im Ring (s. Schritt 7). Hier wird die Zelle statt mit einem Kreuzknoten mit einer Holzperle gefüllt. Diese Holzperle wird auf die mittleren beiden Stränge aufgefädelt.

15.

Kürzen Sie die Enden wie gewünscht.

16.

Der Traumfänger wird direkt am Ring aufgehängt, dazu den Ring einfach auf einen Nagel drücken. Sie können alternativ aber oben auch noch einen Faden befestigen.

TIPP: Beim Knoten von Rippenknoten-Reihen sollten Sie den Trägerfaden stets straff halten und versuchen, so nah wie möglich entlang der Reihe zuvor zu knoten. Sitzt ein knoten zu locker, öffnen Sie ihn wieder und knoten Sie ihn erneut.

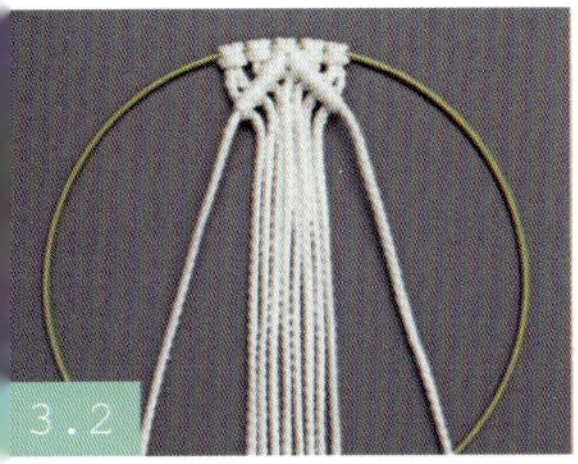
3.2

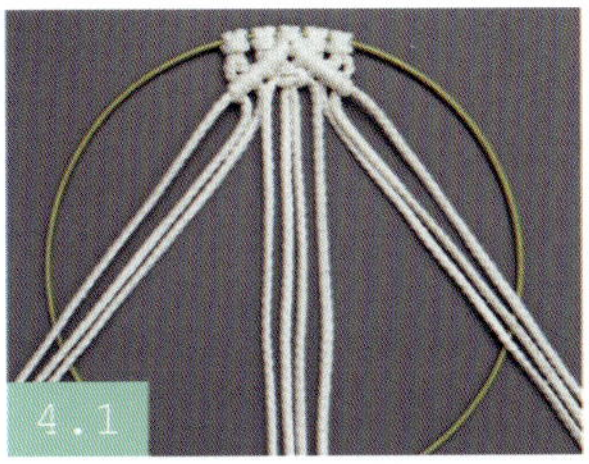
4.1

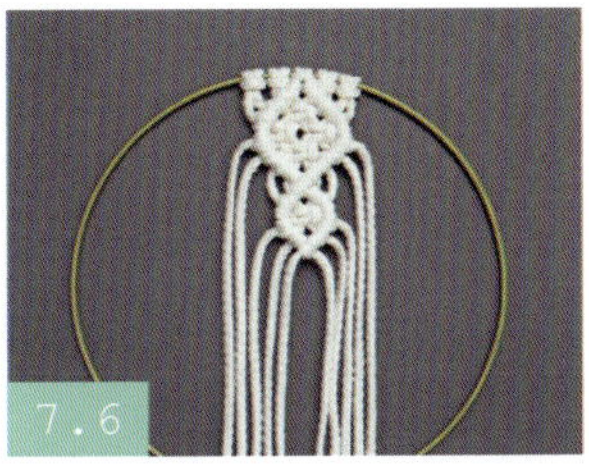
7.6

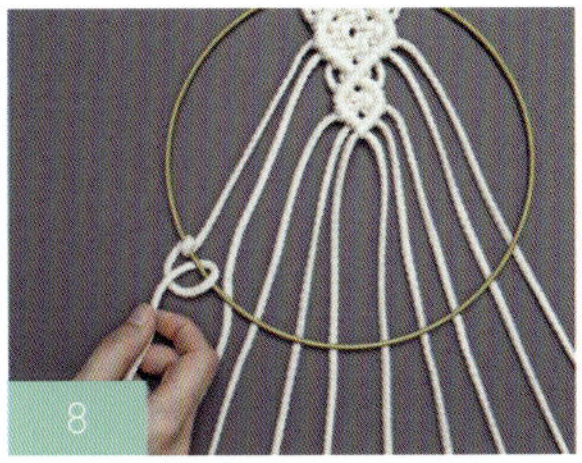
8

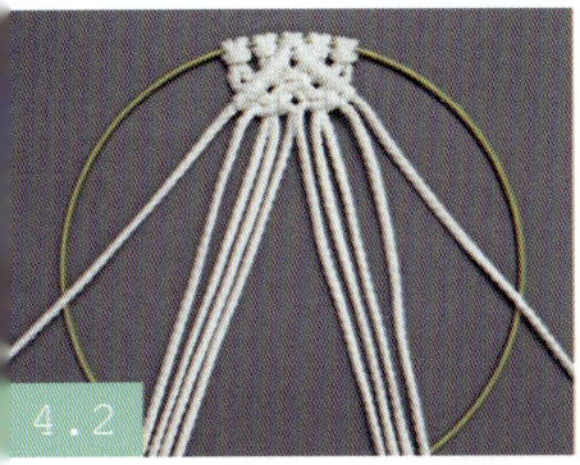
4.2

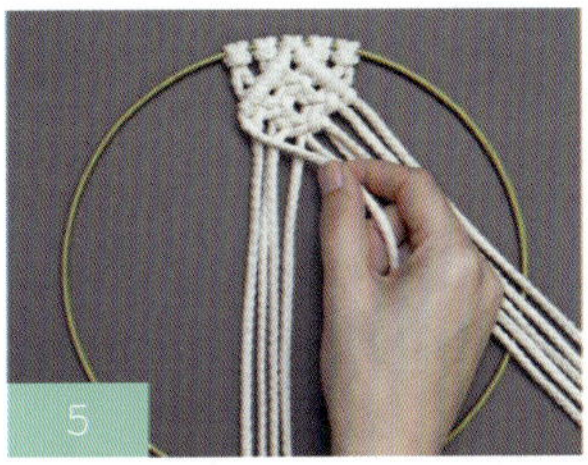
5

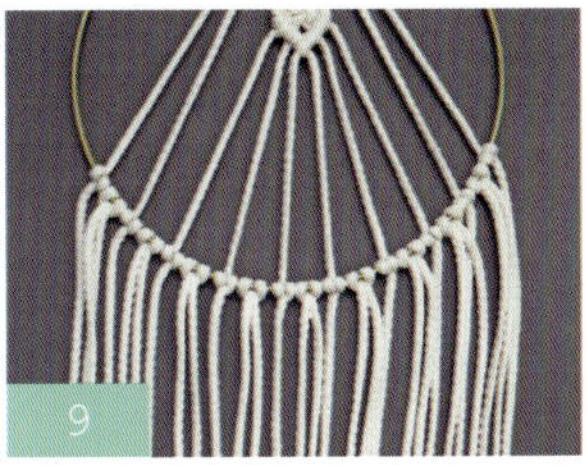
9

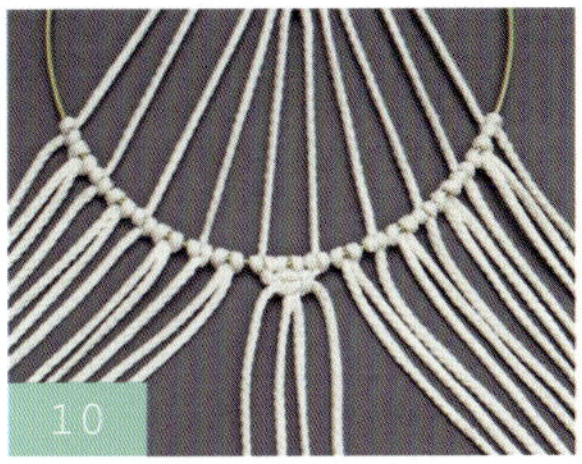
10

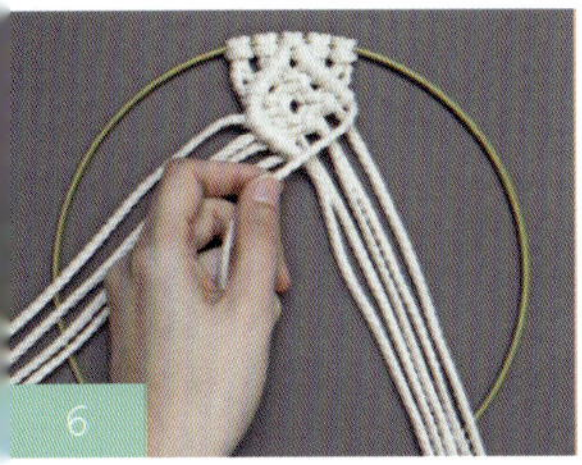
6

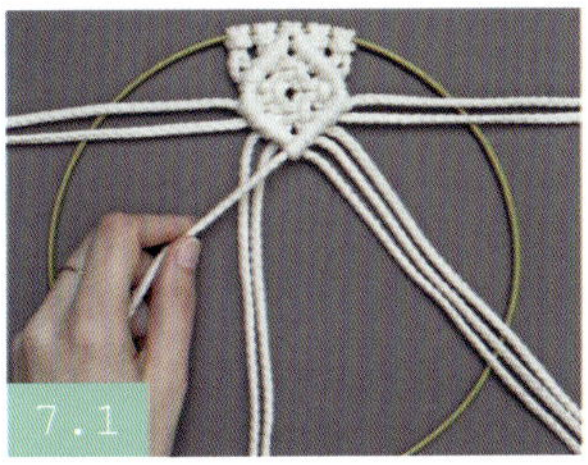
7.1

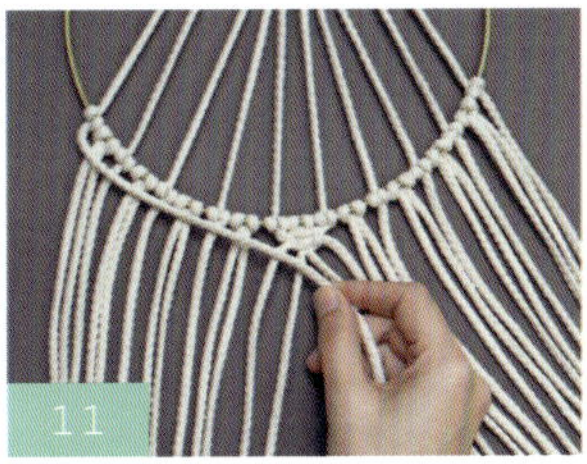
11

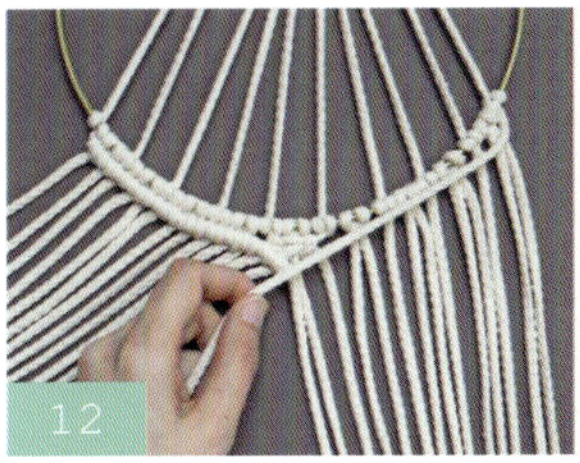
12

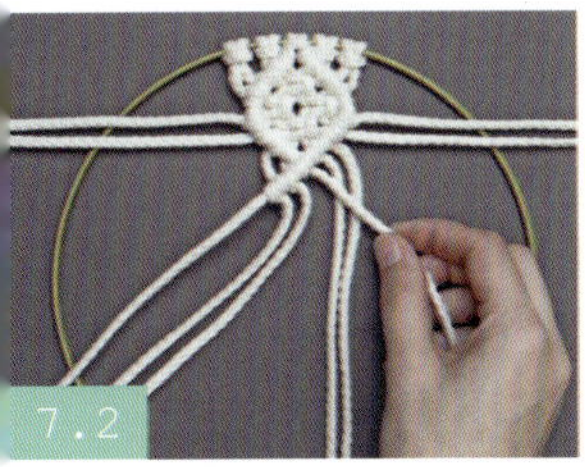
7.2

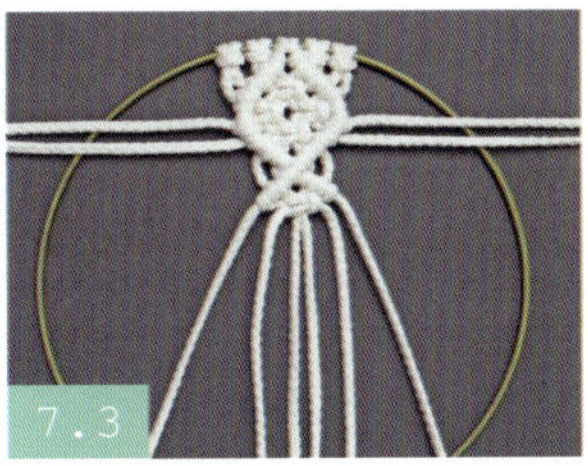
7.3

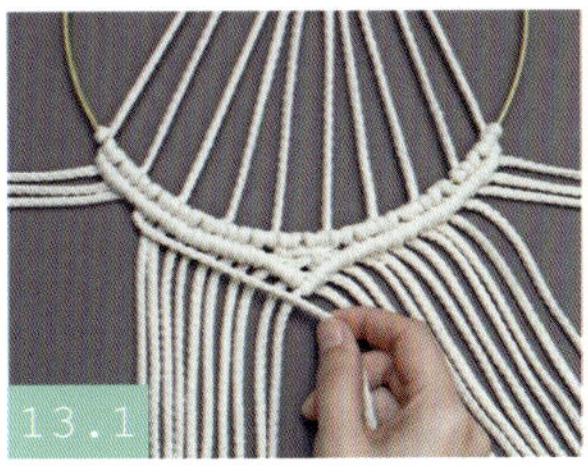
13.1

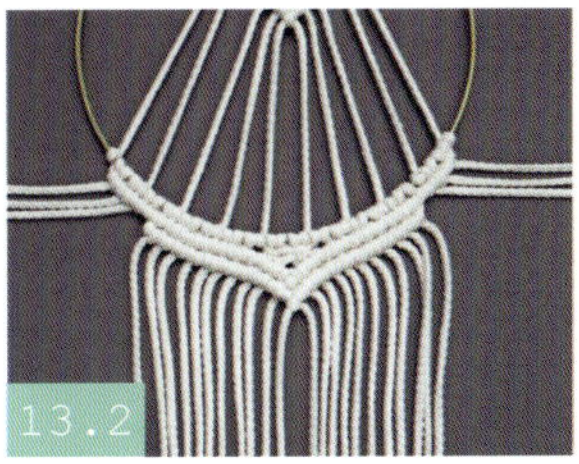
13.2

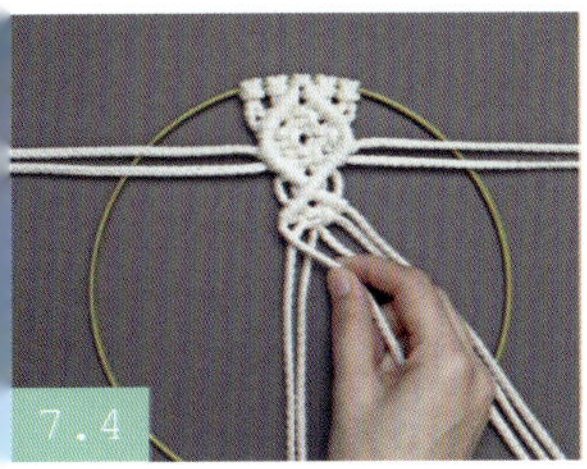
7.4

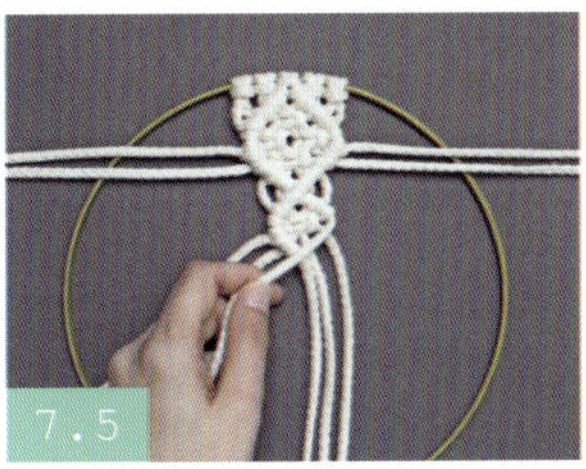
7.5

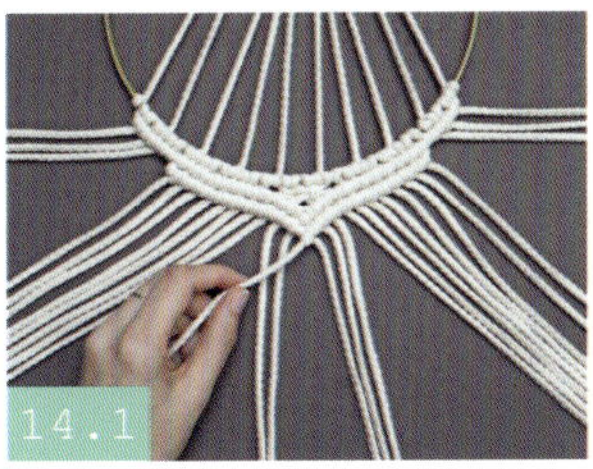
14.1

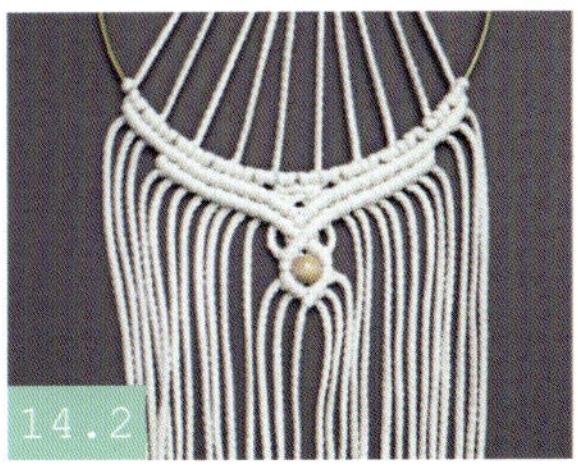
14.2

Drei-Traumfänger-Set „Hekate"

MOTIVGRÖSSE

ca. 70 cm (ohne Aufhängung)

MATERIAL

- 10 Baumwollfäden in Natur, geflochten, ø 4 mm, 1,50 m lang
- 12 Baumwollfäden in Teddybraun, geflochten, ø 4 mm, 1,20 m lang
- 2 Baumwollfäden in Natur, geflochten, ø 4 mm, 50 cm lang
- 2 Baumwollfäden in Teddybraun, geflochten, ø 4 mm, 50 cm lang
- Metallring in Gold, ø 15 cm
- 2 Metallringe in Gold, ø 10 cm
- Ast, ca. 45 cm lang
- Schere

1.

Befestigen Sie oben an dem 15 cm großen Metallring zehn 1,50 m lange Baumwollfäden mit dem von vorne geknoteten Ankerknoten.

2.

Nun knoten Sie ein Dreieck aus Kreuzknoten. Dazu in der ersten Reihe mit allen 20 Strängen fünf Kreuzknoten nebeneinander knoten.

3.

In jeder folgenden Reihe legen Sie auf beiden Seiten jeweils zwei Stränge beiseite und knoten so immer einen Kreuzknoten weniger. Wiederholen Sie das, bis Sie nur noch einen Kreuzknoten als Spitze des Dreiecks knoten können. Dadurch, dass wir im inneren eines Rings knoten, wird es etwas eng für die Kreuzknoten. Ziehen Sie daher zum Schluss die Ankerknoten am Ring etwas auseinander.

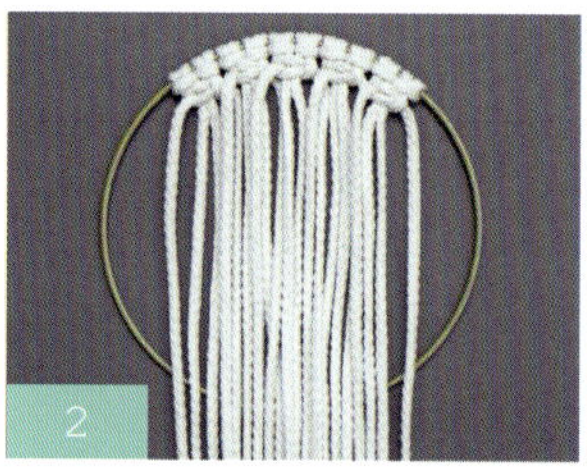
2

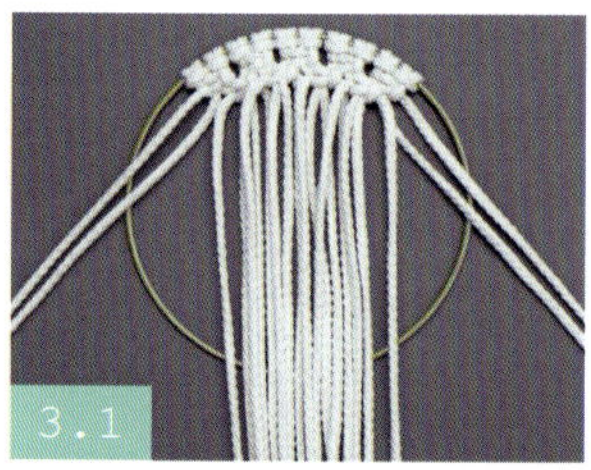
3.1

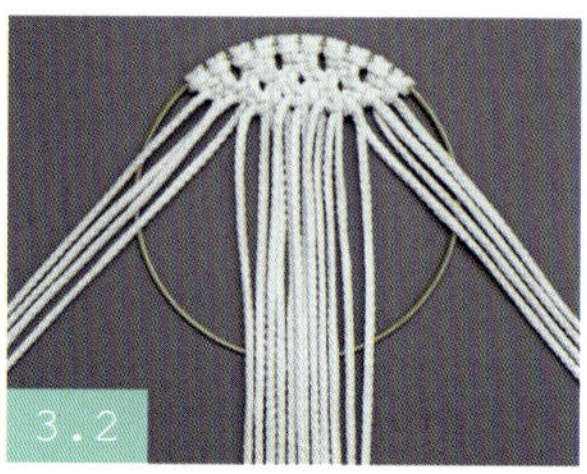
3.2

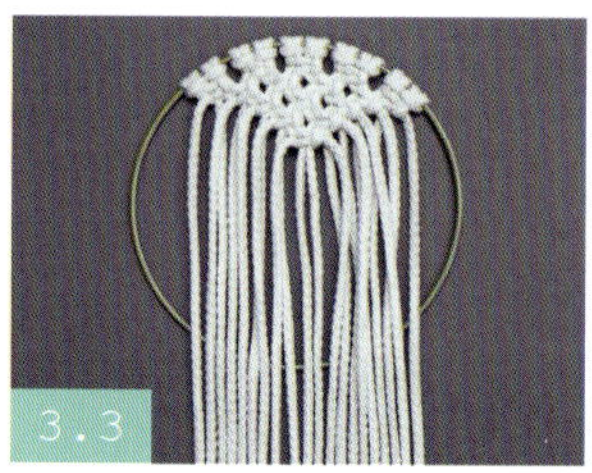
3.3

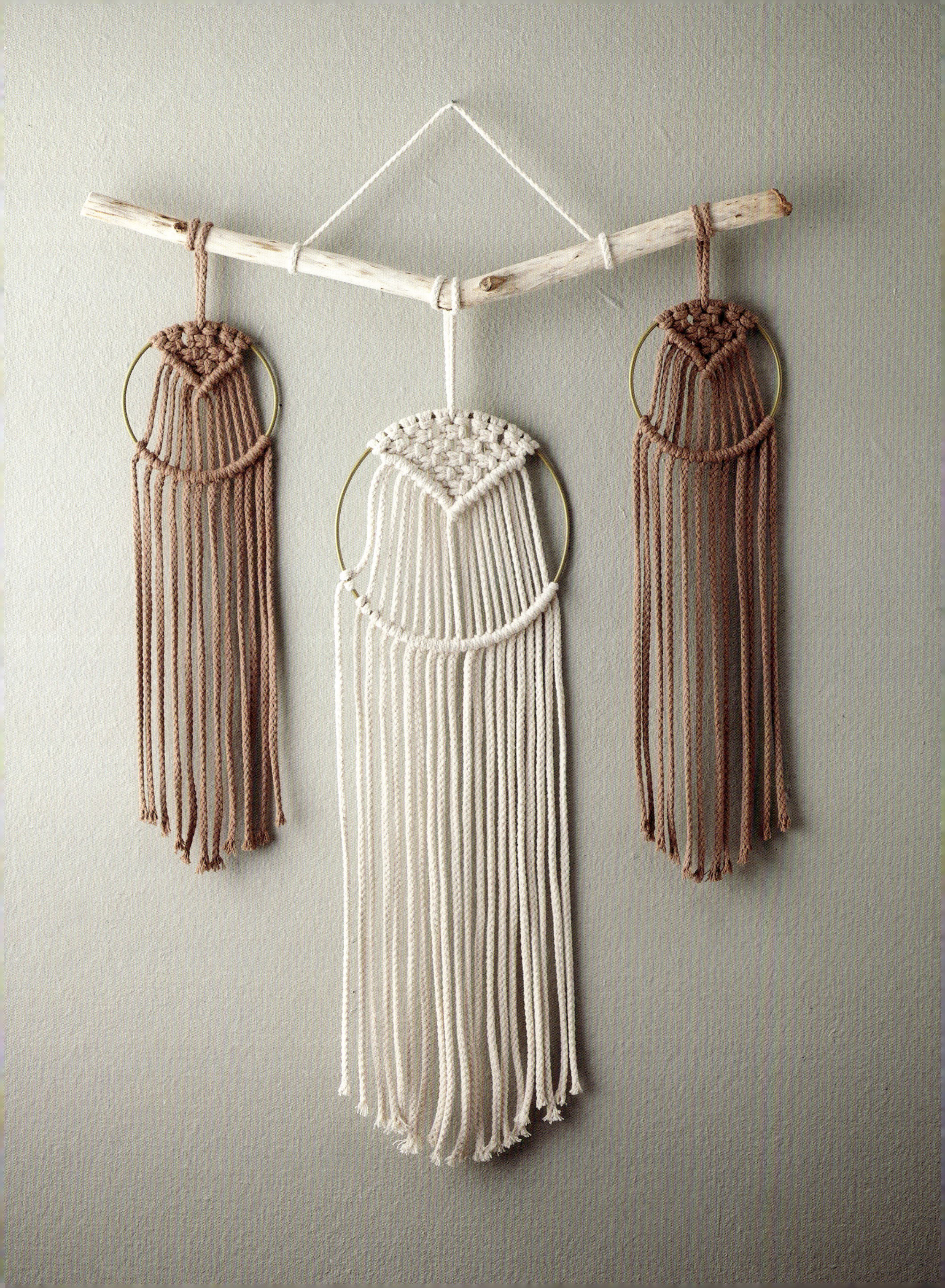

4.

Es folgt noch eine Reihe Rippenknoten entlang der Dreiecke. Teilen Sie dazu alle Stränge in der Mitte auf, sodass auf beiden Seiten jeweils zehn Stränge liegen. Legen Sie die Stränge der rechten Seite für diesen Schritt weg. Halten Sie den linken, äußeren Strang als Trägerfaden über die Arbeitsfäden schräg nach unten in die Mitte und knoten Sie eine Rippenknoten-Reihe.

5.

Wiederholen Sie Schritt 4 für die Stränge der rechten Seite. Hier dient der rechte, äußere Strang als Trägerfaden. Um die Reihe Rippenknoten in der Mitte zu verbinden, dient der Trägerfaden der linken Seite aus Schritt 4 als letzter Arbeitsfaden.

6.

Zum Schluss werden die Stränge des geknoteten Musters unten am Metallring eng nebeneinander mit je einem Rippenknoten befestigt. Dabei dient der Ring als Trägermedium. Achten Sie daher darauf, dass der Ring beim Knoten auf den Fäden liegt (so wie der Trägerfaden auch immer über den Arbeitsfäden verläuft). Fangen Sie hier gerne mit den mittleren Strängen an und arbeiten Sie sich nach außen vor.

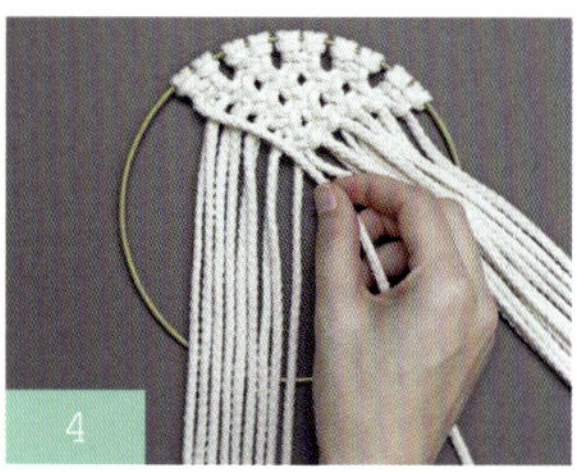

4

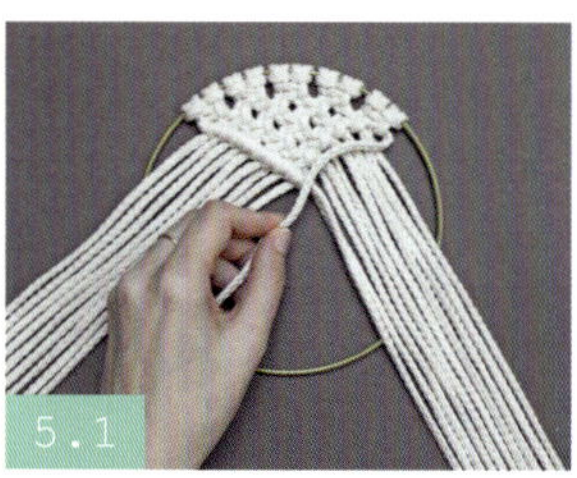

5.1

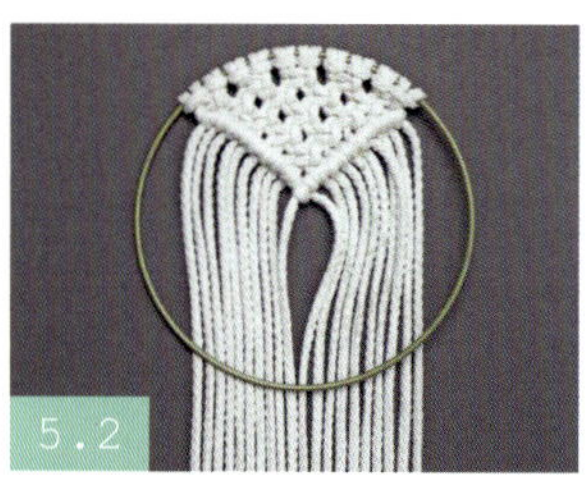

5.2

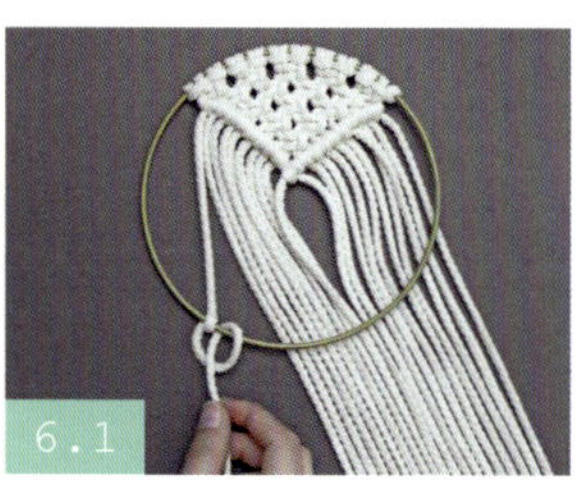

6.1

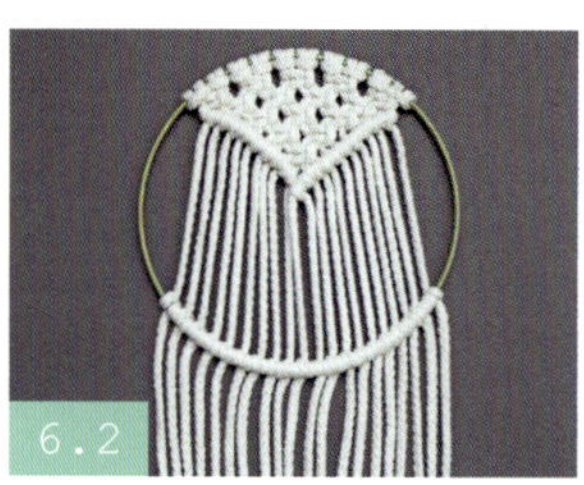

6.2

7.

Wiederholen Sie Schritt 1 – 6 für die beiden kleinen Metallringe. Hier nutzen Sie jeweils sechs 1,20 m lange, teddybraune Baumwollfäden. In die kleinen Ringe werden kleine Dreiecke aus Kreuzknoten geknotet, mit drei Kreuzknoten in der ersten Reihe. Sonst gehen Sie genauso vor, wie in den anderen Schritten beschrieben.

8.

Anschließend werden die Ringe am Ast befestigt. Sie müssen keinen gebogenen Ast verwenden wie ich, alternativ ist auch ein gerader Ast möglich. Für den größeren Ring befestigen Sie in der Mitte des Asts einen 50 cm langen, naturfarbenen Baumwollfaden mit dem von vorne geknoteten Ankerknoten. Führen sie danach einen der beiden Stränge von vorne nach hinten durch die beiden Fäden des mittleren Kreuzknotens. Verknoten Sie beide Stränge auf der Rückseite so, dass der Ring etwa 6 – 7 vom Ast entfernt hängt und kürzen Sie die Enden. Wiederholen Sie das mit den beiden kleinen Ringen. Für die kleinen Ringe nutzen Sie 50 cm langes, teddybraunes Baumwollgarn. Bei einem geraden Ast können Sie den Abstand zum Ast verringern, damit auch hier die kleinen Ringe höher hängen als der große Ring.

9.

Kürzen Sie die Stränge der drei Ringe wie gewünscht.

10.

Zum Aufhängen des Asts befestigen Sie einen 50 cm langen Baumwollfaden mit einem Doppelknoten.

Traumfänger „Marisol"

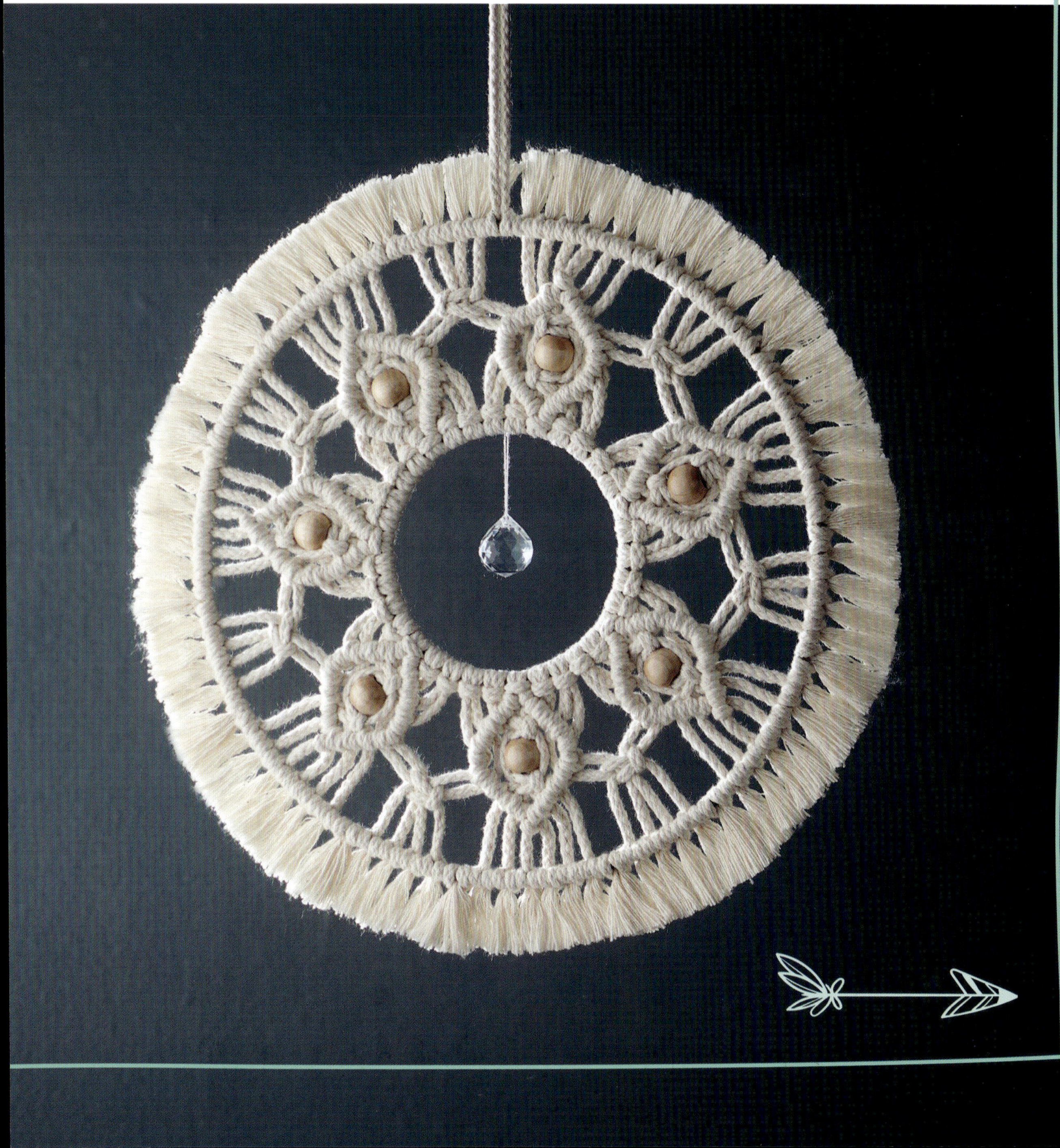

MOTIVGRÖSSE

ca. 31 cm (ohne Aufhängung)

MATERIAL

- 35 Baumwollfäden in Natur, geflochten, ø 4 mm, 90 cm lang
- 13 Baumwollfäden in Natur, geflochten, ø 4 mm, 10 cm lang
- Baumwollfaden in Natur, geflochten, ø 4 mm, 30 cm lang
- Metallring, ø 10 cm
- Metallring, ø 25 cm
- 7 Holzperlen in Natur, ø 1,5 cm
- Nähgarn in Weiß
- Schere

1.

Befestigen Sie außen an dem 10 cm großen Metallring fünf 90 cm lange Baumwollfäden mit dem von vorne geknoteten Ankerknoten.

2.

Das Muster besteht aus einem Diamantmuster. Für die erste Zelle des Diamantmusters teilen Sie alle Stränge in der Mitte auf, sodass auf beiden Seiten je fünf Stränge liegen. Legen Sie für diesen Schritt die rechten Stränge beiseite. Halten Sie den rechten, äußeren Strang der linken Stranggruppe als Trägerfaden in einem Winkel von etwa 45° schräg nach unten links über die Arbeitsfäden und knoten Sie eine Reihe Rippenknoten.

3.

Wiederholen Sie Schritt 2 für die Stränge der rechten Seite. Nutzen Sie hier den linken, äußeren Strang als Trägerfaden.

4.

Nun füllen wir die erste Zelle des Diamantmusters. Dazu knoten Sie mit den vier mittleren Strängen einen Kreuzknoten, fädeln dann mit den mittleren beiden Strängen eine Holzperle auf und knoten zum Schluss erneut einen Kreuzknoten mit den mittleren vier Strängen.

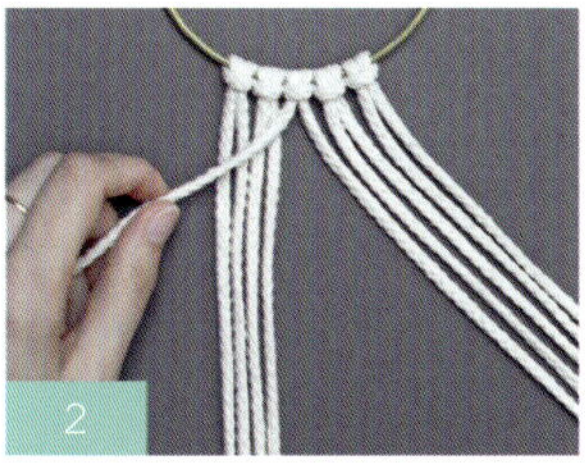
2

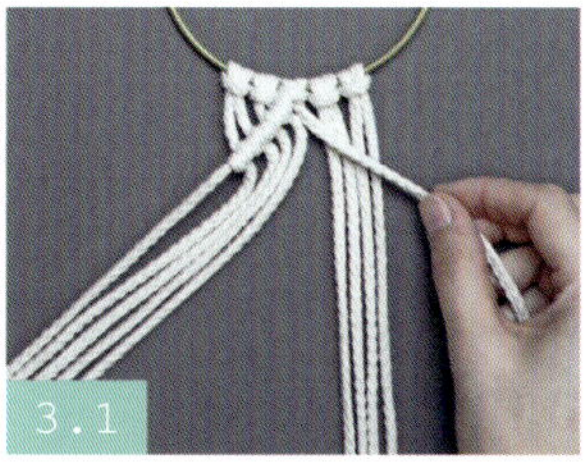
3.1

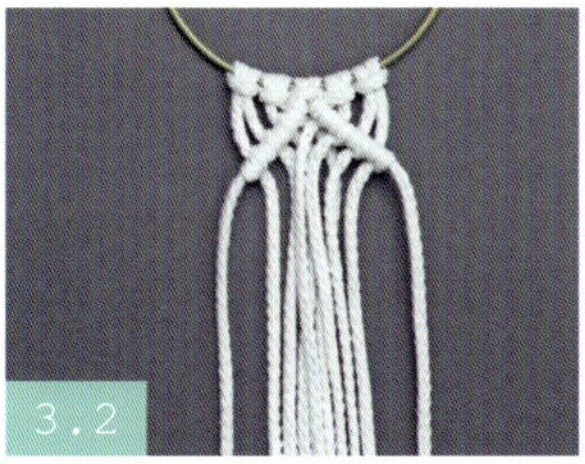
3.2

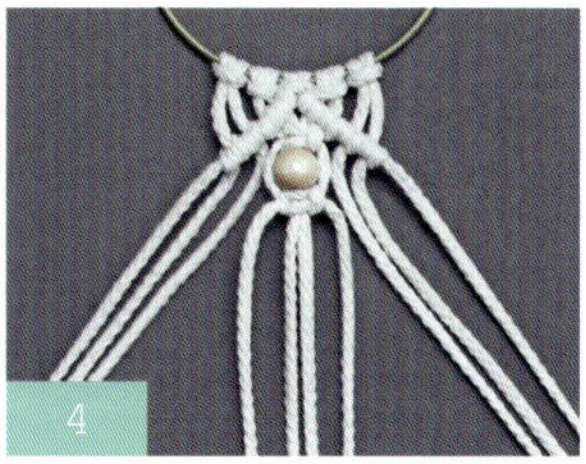
4

5.

um Schließen der Zelle teilen Sie erneut alle Stränge in er Mitte auf, sodass auf beiden Seiten jeweils fünf Stränge egen. Legen Sie für diesen Schritt die fünf rechten Strän-e beiseite. Halten Sie dann den linken, äußeren Strang als rägerfaden über die Arbeitsfäden schräg nach unten in die Aitte. Knoten Sie eine Rippenknoten-Reihe.

6.

Viederholen Sie Schritt 5 für die rechten Stränge. Nutzen Sie ier den rechten, äußeren Strang als Trägerfaden. Um die Zelle 1 der Mitte zu verschließen, dient der Trägerfaden aus Schritt als letzter, zusätzlicher Arbeitsfaden für die rechte Seite.

7.

Viederholen Sie Schritt 1 – 6 für sechs weitere Zellen, sodass ie insgesamt sieben Zellen um den 10 cm großen Metallring noten.

8.

n nächsten Schritt nehmen Sie immer die vier mittleren tränge zwischen zwei Zellen und knoten damit mittig einen Kreuzknoten. Wiederholen Sie das einmal rundherum, bis Sie nsgesamt sieben Kreuzknoten geknotet haben.

9.

Alle Stränge gleichmäßig radial verlaufend anordnen und den 25 cm großen Metallring mittig auf die Stränge legen. Die Stränge werden nun mit je einem Rippenknoten an dem großen Ring befestigt. Achten Sie darauf, dass das geknotete Muster stets in der Mitte des großen Rings liegt.

10.

Zwischen den einzelnen Elementen (Diamantmuster und Kreuzknoten) entsteht ein kleiner Zwischenraum am großen Ring. Dieser wird nun geschlossen, indem 10 cm lange Fäden mit dem von hinten geknoteten Ankerknoten in diesen Zwischenräumen befestigt werden. Im Zwischenraum oben am Ring wird als Aufhängung ein 30 cm langer Faden befestigt.

11.

Kürzen Sie die langen Enden des geknoteten Musters auf die Länge der befestigten 10 cm-Fäden. Anschließend kämmen Sie die Enden aus und schneiden sie noch mal in Form. Besprühen Sie die gekräuselten Enden mit Wasser und kämmen Sie diese erneut, um sie zu glätten.

12.

In die Mitte des kleinen Rings wird nun noch ein Prisma Kristall mit Nähgarn befestigt, sodass der Kristall mittig im Ring hängt.

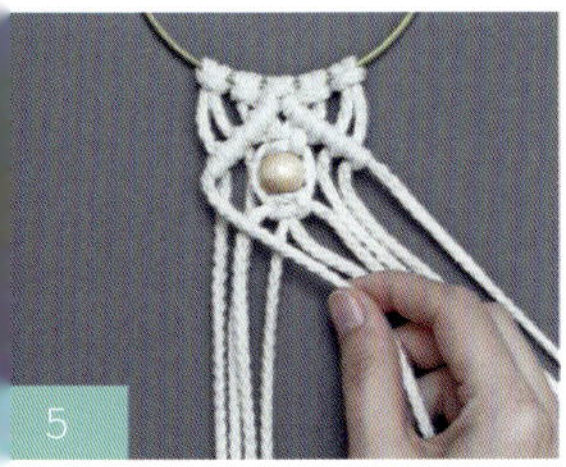
5

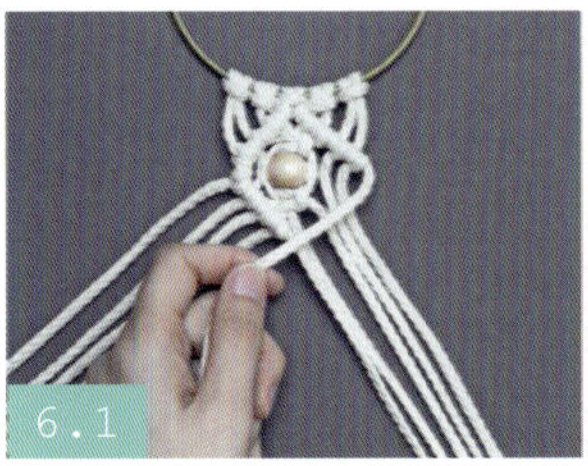
6.1

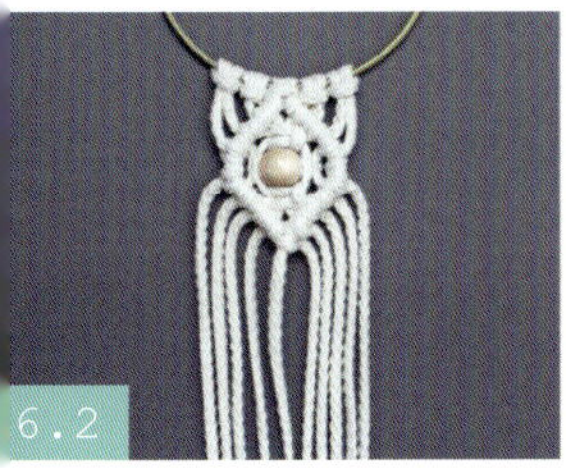
6.2

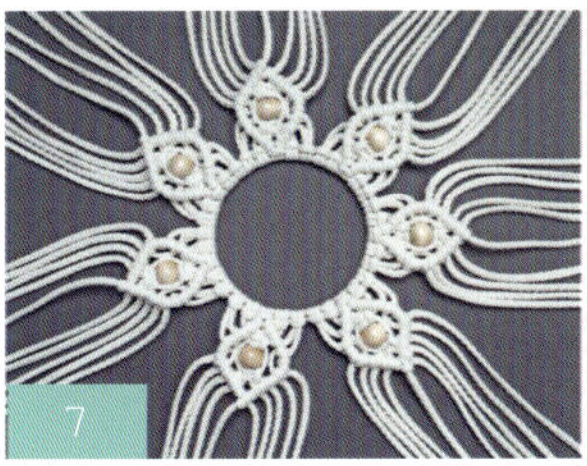
7

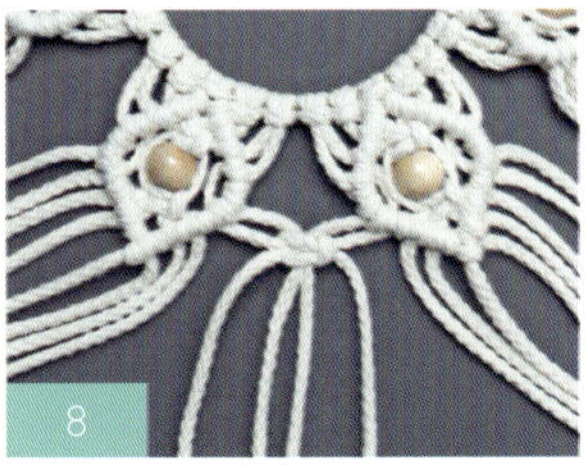
8

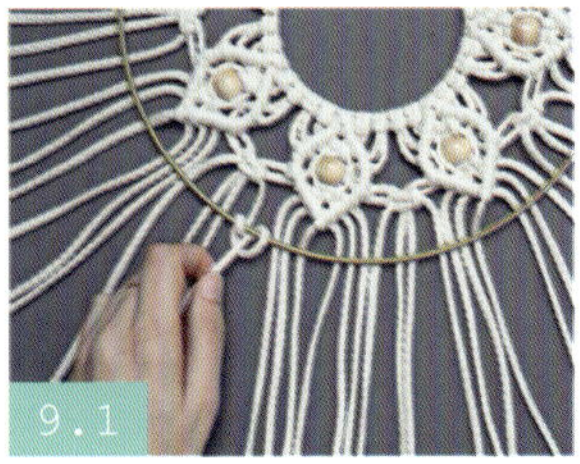
9.1

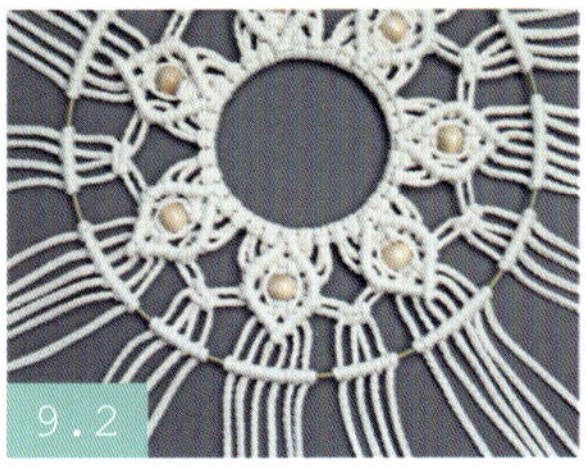
9.2

Makramee-Traumfänger „Pearl"

MOTIVGRÖSSE

ca. 53 cm (ohne Aufhängung)

MATERIAL

- 12 Baumwollfäden in Natur, geflochten, ø 4 mm, 2,20 m lang
- 2 Baumwollfäden in Natur, geflochten, ø 4 mm, 1,20 m lang
- Baumwollfaden in Natur, geflochten, ø 4 mm, 50 cm lang
- Baumwollfaden in Natur, geflochten, ø 4 mm, 30 cm lang
- Nylonfaden, ø 0,8 mm, 30 cm lang
- Metallring in Gold, ø 10 cm
- Metallring in Gold, ø 20 cm
- 2 Holzperlen in Natur, ø 1 cm
- 2 Holzperlen in Natur, ø 1,5 cm
- Holzperle in Natur, ø 1,8 cm
- Holzperle in Natur, ø 3 cm
- Heißklebepistole
- Schere

1.

Befestigen Sie einen 30 cm langen Nylonfaden mit einem Ankerknoten oben am kleineren Metallring. Fädeln Sie zwei 1 cm große, zwei 1,5 cm große, eine 1,8 cm große und eine 3 cm große Holzperle auf die beiden Stränge auf. Danach werden die beiden Stränge am anderen Ende des Rings verknotet. Kürzen Sie die Enden und versiegeln Sie den Knoten mit einem Feuerzeug.

2.

Danach wird der 10 cm große Metallring mit Heißkleber an einen 20 cm großen Metallring innen geklebt.

3.

Umwickeln Sie den geklebten Bereich mit einem 60 cm langen Baumwollfaden. Fixieren Sie den Anfang und das Ende mit Heißkleber auf der Rückseite.

4.

Nun knoten Sie ein Diamantmuster unten an dem kleinen Metallring. Befestigen Sie dazu zuerst mittig drei 2,20 m lange Baumwollfäden mit dem von vorne geknoteten Ankerknoten. Den mittleren Faden befestigen Sie um den Nylonfaden der Holzperlen. Dazu die beiden Enden der gelegten Schlaufe für den Ankerknoten rechts und links um den Nylonfaden führen. Durch die befestigten Fäden wölbt sich die Holzperlenreihe. Wölben Sie diese nach außen, damit ein kleiner 3D-Effekt im Traumfänger entsteht.

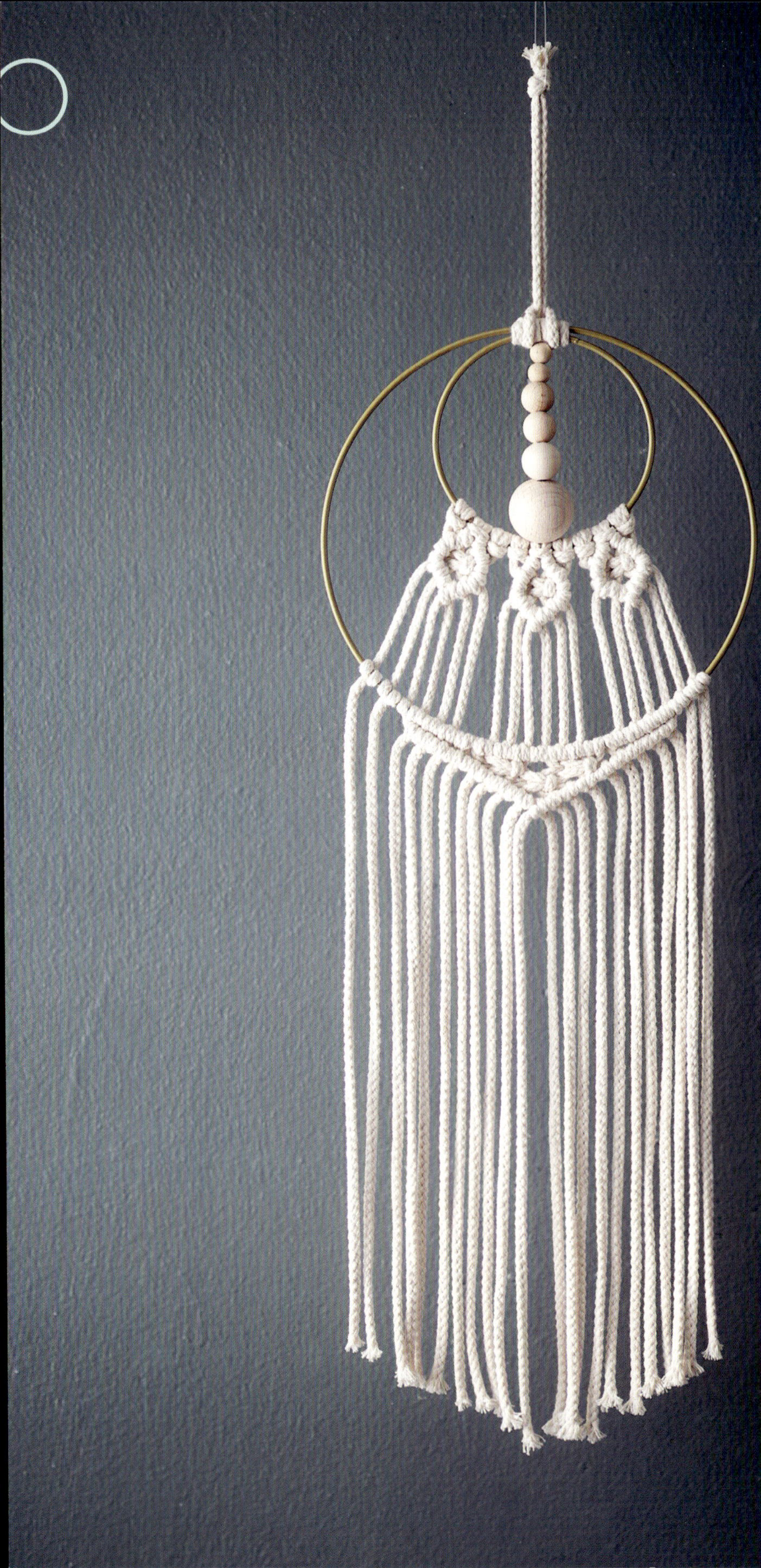

5.

Um die erste Zelle für das Diamantmuster zu knoten, teilen Sie alle Stränge in der Mitte auf, sodass auf beiden Seiten jeweils drei Stränge liegen. Legen Sie die Stränge der rechten Seite für diesen Schritt beiseite. Halten Sie den rechten Strang der linken Stränge als Trägerfaden in einem Winkel von etwa 45° schräg nach links außen über die beiden Arbeitsfäden. Knoten Sie eine Rippenknoten-Reihe.

6.

Wiederholen Sie Schritt 5 für die Stränge der rechten Seite. Hier dient der linke, äußere Strang als Trägerfaden.

7.

Mit den mittleren vier Strängen einen Kreuzknoten als Füllung der Zelle knoten.

8.

Nun wird die Zelle geschlossen. Dazu wieder alle Stränge in der Mitte aufteilen, sodass wieder auf beiden Seiten je drei Stränge liegen. Legen Sie wieder die Stränge der rechten Seite weg. Halten Sie den äußeren linken Strang als Trägerfaden über die Arbeitsfäden schräg nach unten in die Mitte. Knoten Sie eine Rippenknoten-Reihe.

9.

Wiederholen Sie Schritt 8 für die Stränge der rechten Seite. Hier dient der rechte, äußere Strang als Trägerfaden. Nutzen Sie den Trägerfaden aus Schritt 8 als zusätzlichen Arbeitsfaden, um die beiden Rippenknotenreihen zu verbinden und so die Zelle zu schließen.

10.

Wiederholen Sie Schritt 4 – 9 für zwei weitere Zellen rechts und links der schon geknoteten Zelle.

11.

Danach werden die Stränge des Diamantmusters mit je einem Rippenknoten am großen Ring befestigt. Achten Sie darauf, dass der große Ring dabei auf den Strängen liegt, da er hier als Trägermedium dient.

12.

Zwischen den befestigten Strängen der einzelnen Zellen entsteht ein kleiner Zwischenraum. In diesen beiden Zwischenräumen wird jeweils ein 1,20 m langer Baumwollfaden mit einem von hinten geknoteten Ankerknoten befestigt.

13.

Nehmen Sie die mittleren acht Stränge und knoten Sie damit zwei Kreuzknoten nebeneinander.

14.

Es folgt ein Kreuzknoten mit den mittleren vier Strängen. Legen Sie dazu die jeweils beiden äußeren Stränge aus Schritt 13 beiseite.

15.

Anschließend wird eine Rippenknoten-Reihe geknotet. Dazu alle Stränge in der Mitte aufteilen, sodass auf beide Seiten je elf Stränge liegen. Legen Sie die Stränge der rechten Seite für diesen Schritt beiseite. Halten Sie den dritten Strang von links als Trägerfaden über die Arbeitsfäden schräg nach unten in die Mitte und knoten Sie eine Rippenknoten-Reihe.

16.

Wiederholen Sie Schritt 15 für die Stränge der rechten Seite. Hier dient der dritte Strang von rechts als Trägerfaden. Um die Rippenknoten-Reihe in der Mitte zu verbinden, nutzen Sie den Trägerfaden aus Schritt 15 als zusätzlichen Arbeitsfaden.

17.

Kürzen Sie die Enden wie gewünscht.

18.

Zum Aufhängen des Traumfängers, wird oben über dem umwickelten Bereich noch ein 30 cm langer Baumwollfaden mit dem von hinten geknoteten Ankerknoten befestigt und die Enden verknotet.

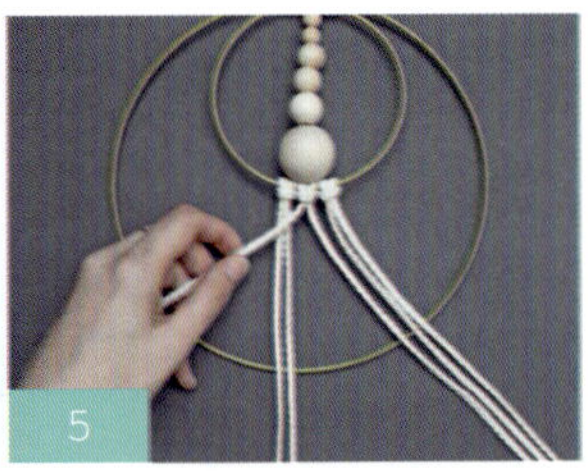

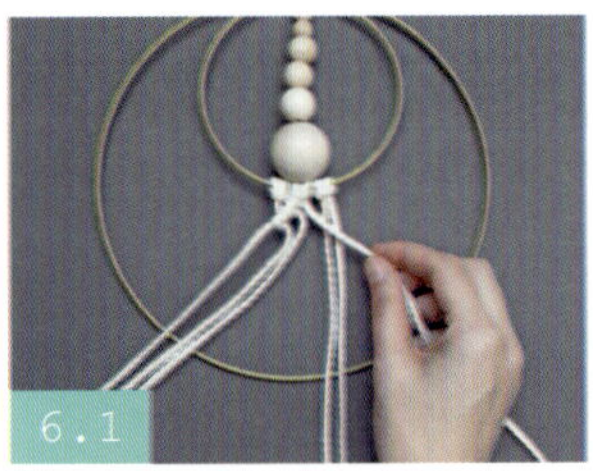

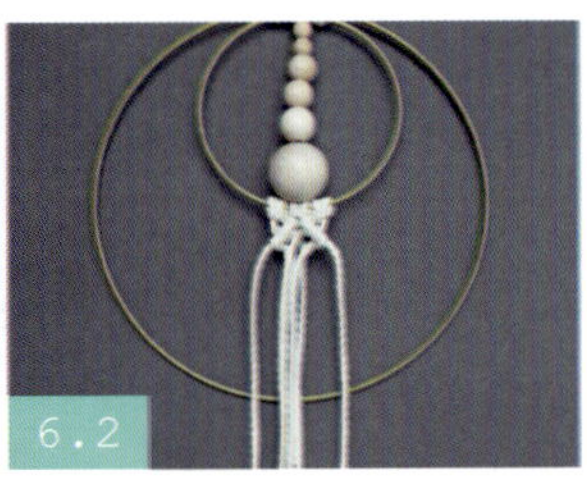

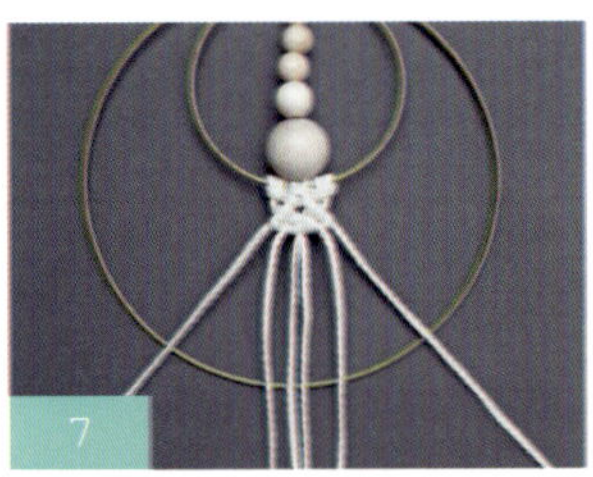

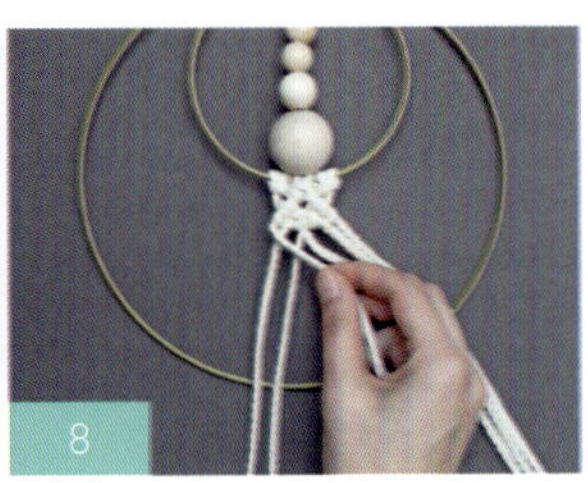

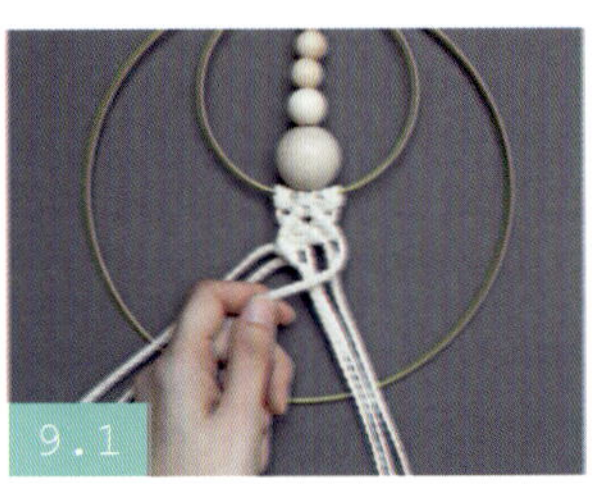

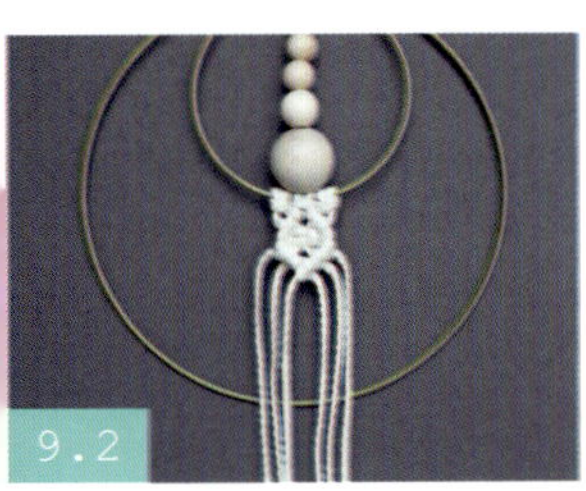

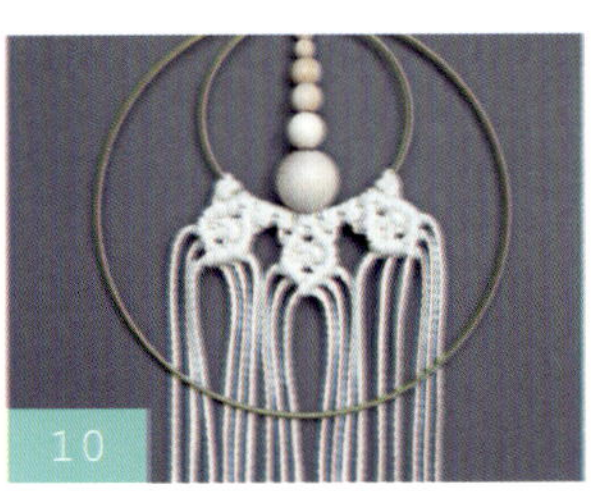

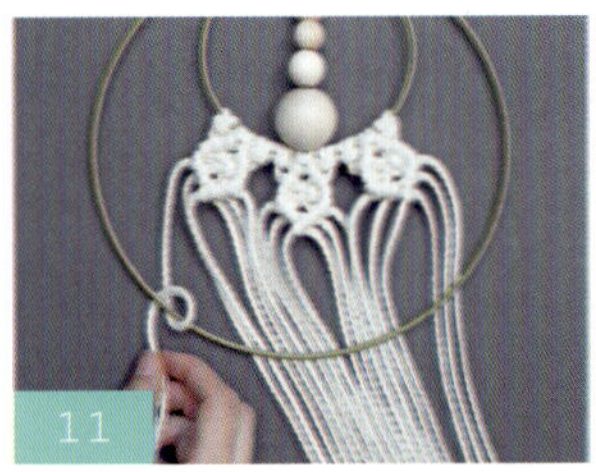

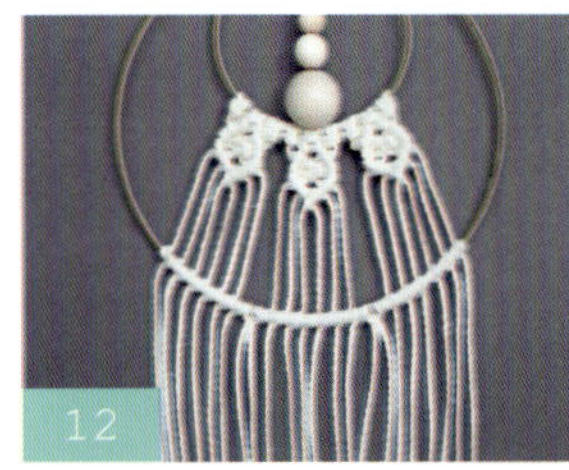

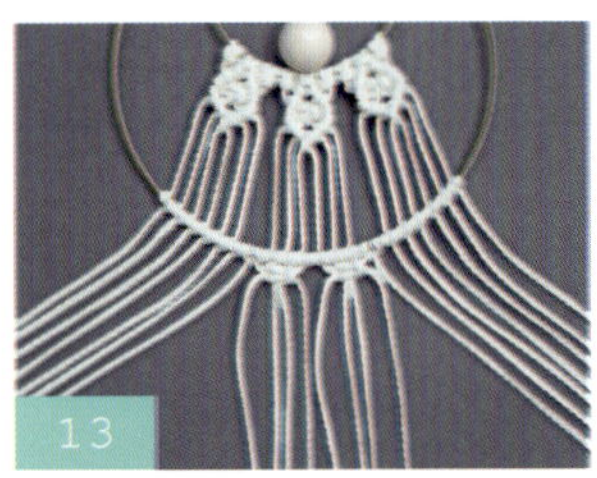

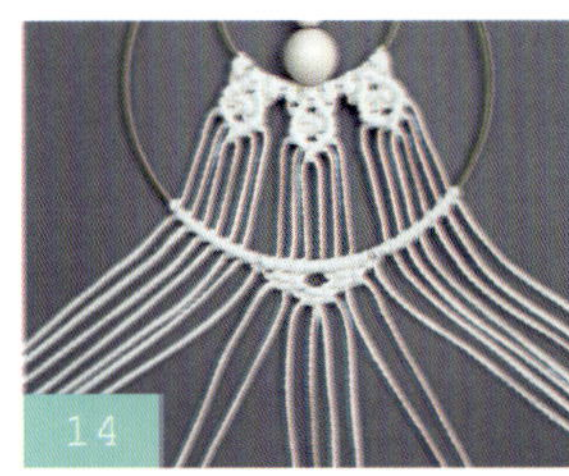

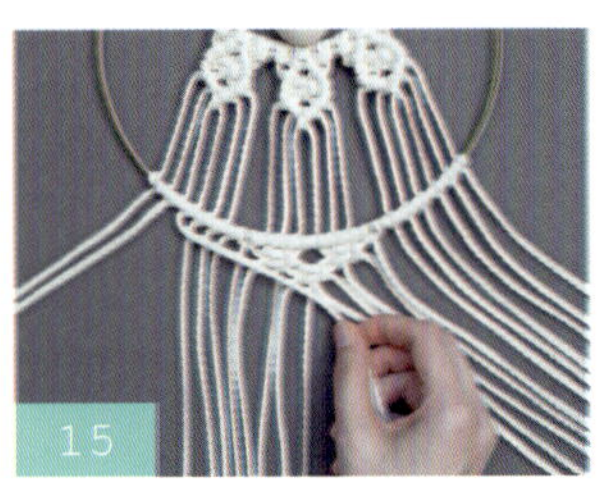

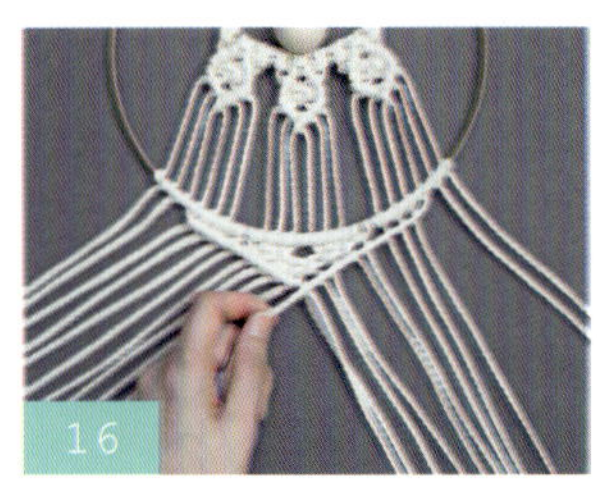

Abstrakte Traumfänger

Mini-Traumfänger „Minou"

MOTIVGRÖSSE

ca. 11 cm (ohne Aufhängung)

MATERIAL

- Baumwollfaden in Weinrot, geflochten, ø 4 mm, 1 m lang
- Bäckergarn in Gold-Natur, geflochten, ø 1 mm, 1 m lang
- Bäckergarn in Gold-Natur, geflochten, ø 1 mm, 30 cm lang
- Nylonfäden in Beige, ø 0,8 mm, 20 cm lang
- Metallring, ø 5 cm
- 3 kleine Federn
- Holzperle ø 8 mm
- Heißklebepistole
- Textilkleber
- Feuerzeug
- Schere

1.

Umwickeln Sie im ersten Schritt den Metallring mit weinrotem Baumwollgarn. Fixieren Sie Anfang und Ende des Fadens mit Heißkleber. Das abgeschnittene Ende kann zusätzlich mit Textilkleber versiegelt werden.

2.

Danach wird der Ring mit einem 1 m langen, gold-naturfarbenen Bäckergarn kreuz und quer umwickelt, bis Ihnen das Ergebnis gefällt. Den Anfang und das Ende des Fadens mit einem Doppelknoten fixieren und mit Textilkleber versiegeln.

3.

Unten am Ring drei 20 cm lange Nylonfäden in einem Abstand von etwa 1,5 – 2 cm befestigen und daran kleine Federn festknoten. Die Enden der Fäden können Sie mit einem Feuerzeug versiegeln.

4.

Zum Aufhängen des Mini-Traumfängers oben am Ring ein 30 cm langes Stück Bäckergarn mit einem Ankerknoten befestigen, eine 8 mm große Holzperle auf beide Enden auffädeln und beide Enden verknoten.

TIPP: Der Mini-Traumfänger kann als Geschenkanhänger oder auch für den Autospiegel benutzt werden.

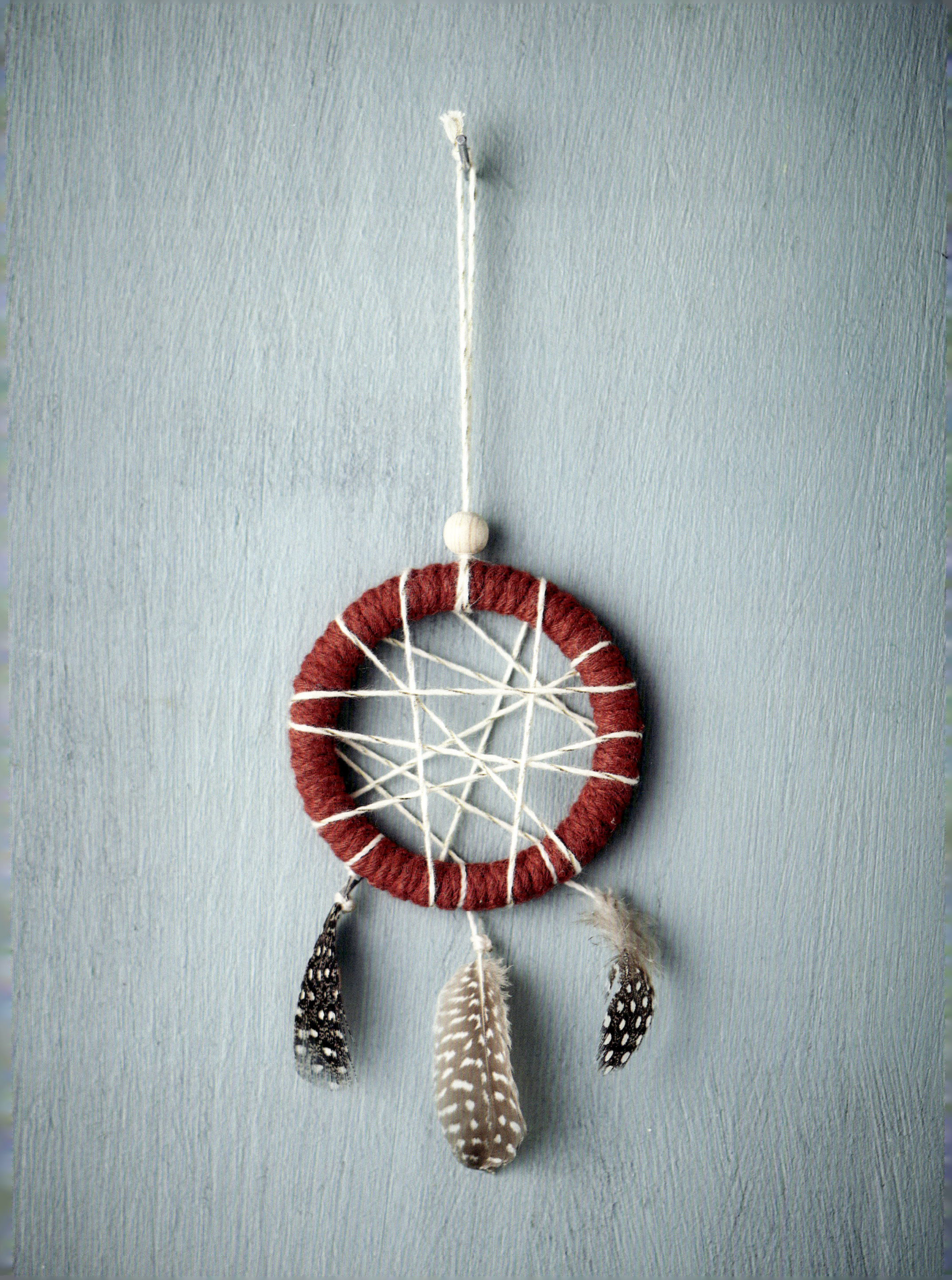

Holztraumfänger „Trea"

MOTIVGRÖSSE

ca. 39 cm (ohne Aufhängung)

MATERIAL

- 18 Baumwollfäden in Natur, geflochten, ø 4 mm, 65 cm lang
- Baumwollfaden in Natur, geflochten, ø 2 – 3 mm, 30 cm lang
- Polyesterfaden in Weiß, ø 1 mm, 20 cm lang
- 3 Äste, ca. 20 cm lang
- Holzperle in Natur, ø 1 cm
- 2 kleine Perlhuhn-Federn
- 3 Trockenblumen (z.B. Gänseblümchen)
- Heißklebepistole
- Schere

1.

Kleben Sie die drei Äste mit Heißkleber so zusammen, dass sie ein Dreieck ergeben. Dabei sollte der Ast, der die untere Kante bildet, oben aufliegen.

2.

An der unteren Kante werden 18 Baumwollfäden in 65 cm Länge mit dem von vorne geknoteten Ankerknoten befestigt. Sie können die Fäden nun in Form schneiden.

3.

Oben an der Dreieckspitze führen Sie einen 30 cm langen Baumwollfaden durch das Dreieck und verknoten die Enden. Daran kann der Traumfänger aufgehängt werden.

4.

Unten an dem Faden aus Schritt 3 wird ein 20 cm langer, weißer Polyesterfaden befestigt. Anschließend fädeln Sie an dem herunterhängenden Ende eine kleine Holzperle auf und fixieren das Fadenende um zwei kleine Federn.

5.

In der linken Ecke des Dreiecks werden zum Schluss drei Trockenblumen mit Heißkleber befestigt.

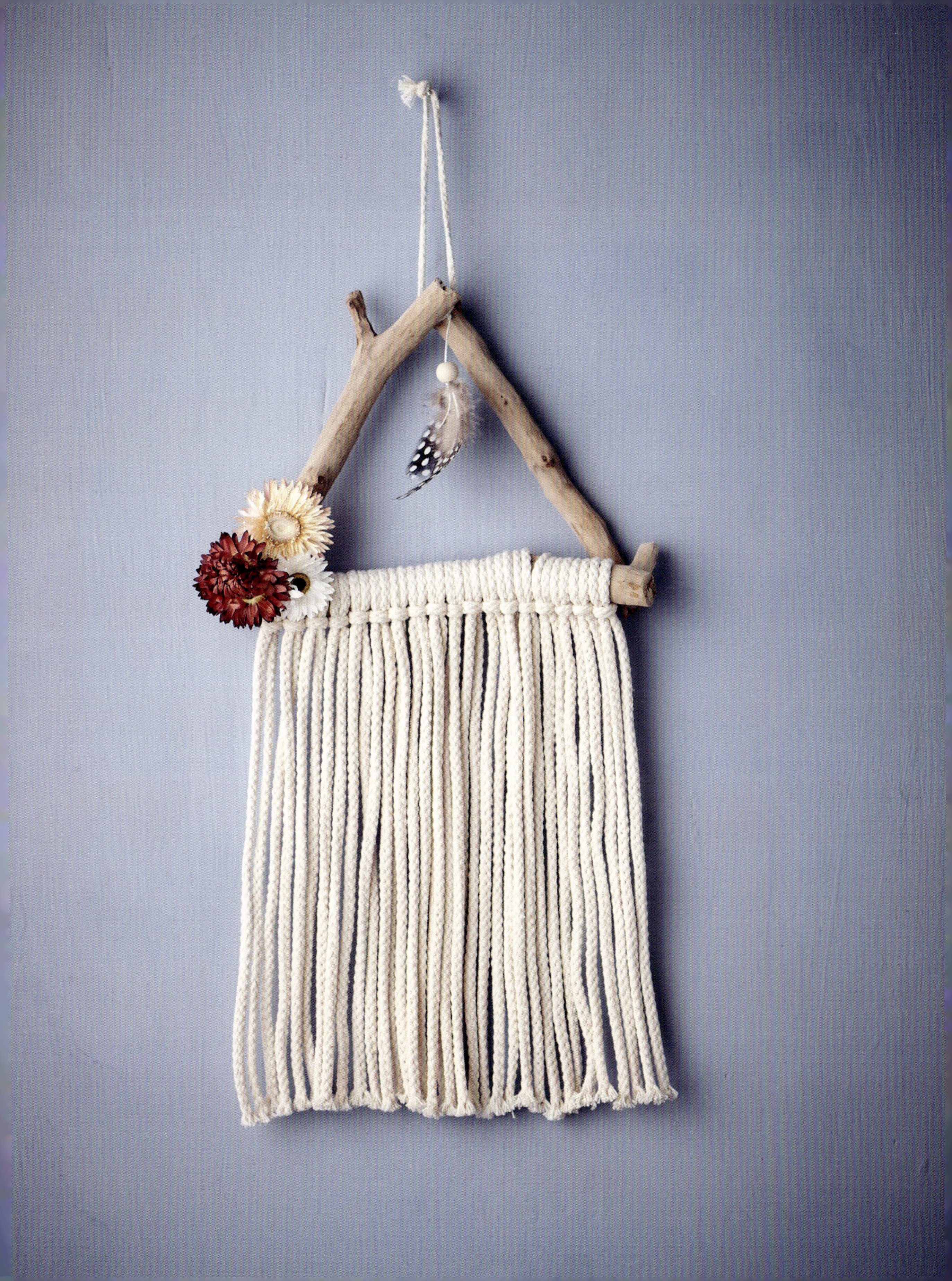

Minimalistischer Traumfänger „Althea"

MOTIVGRÖSSE

ca. 43 cm (ohne Aufhängung)

MATERIAL

- 12 Baumwollfäden in Natur, geflochten, ø 4 mm, 60 cm lang
- Baumwollfaden in Natur, ø 1 mm, 1,50 m lang
- Baumwollfaden in Natur, ø 1 mm, 30 cm lang
- Metallring in Gold, ø 15 cm
- 2 Federn in Hellrosa
- Feder in Mauve
- Heißklebepistole
- Textilkleber
- Schere

1.

Wickeln Sie einen 1,50 m langen, dünnen Baumwollfaden mittig quer mehrfach um den Ring. Fixieren Sie den Faden am Anfang und am Ende mit einem Doppelknoten. Versiegeln Sie die Knoten mit ein bisschen Textilkleber. Zusätzlich zum Schluss auf der Rückseite den umwickelten Faden am Ring mit Heißkleber fixieren, damit der Faden nicht wegrutscht.

2.

Unten am Ring werden zwölf 60 cm lange Baumwollfäden mittig mit dem von vorne geknoteten Ankerknoten befestigt.

3.

Zum Schluss werden drei Federn an dem umwickelten Faden aus Schritt 1 befestigt. Wenn Ihre Federn keine Biegeringe haben, können Sie Ihre auch festkleben.

4.

Zum Aufhängen kann oben am Ring nun noch ein 30 cm dünner Baumwollfaden mit dem Ankerknoten befestigt werden. Die beiden Enden miteinander verknoten.

TIPP: Sie können den Traumfänger auch mit Trockenblumen dekorieren, indem Sie diese in die Umwicklung stecken.

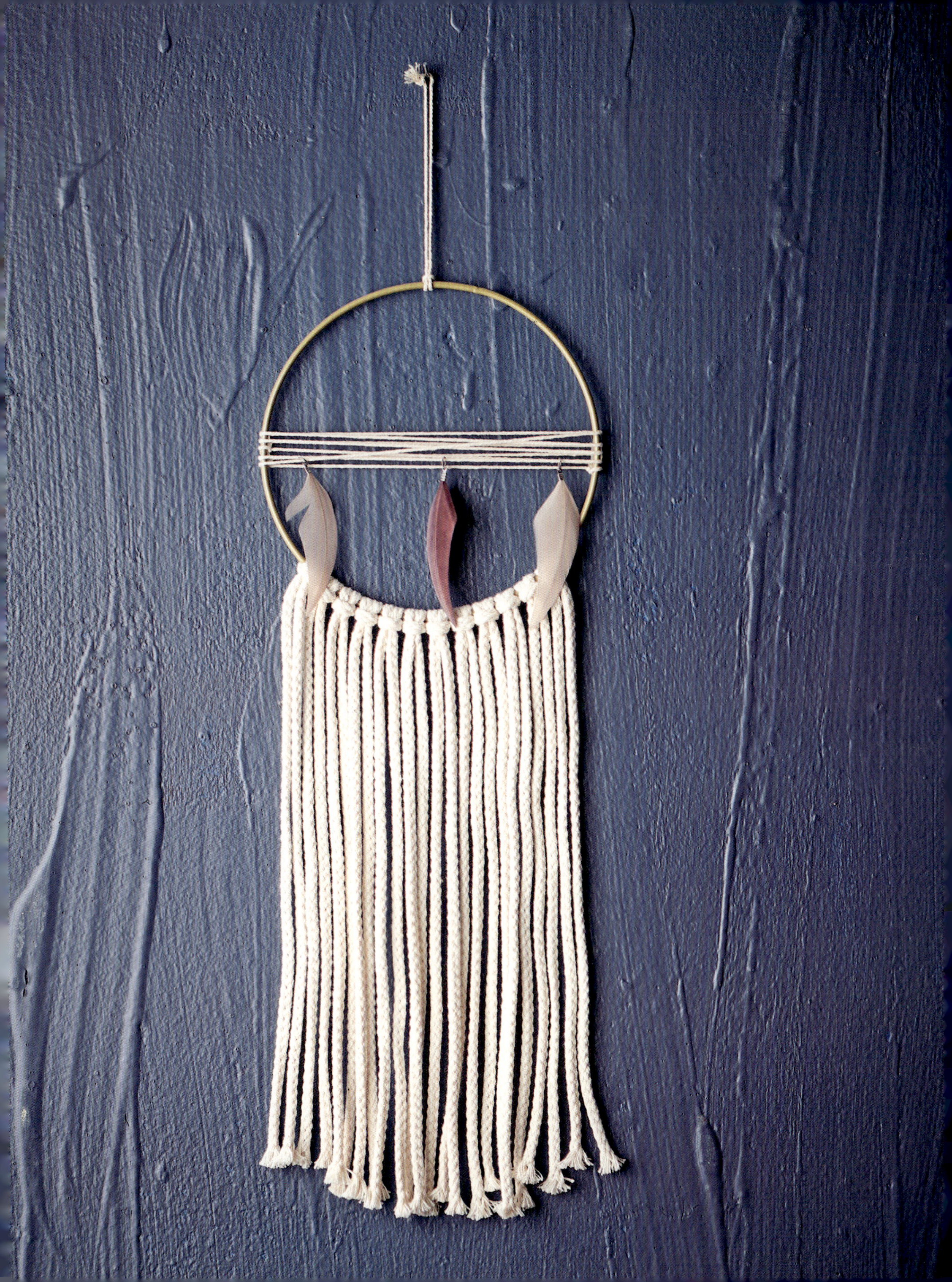

Hochzeits-Traumfänger „Venus"

MOTIVGRÖSSE

ca. 71 cm (ohne Aufhängung)

MATERIAL

- 4 Pompomborten in Weiß, 45 cm
- 5 Satinbänder in Weiß, 0,5 cm breit, 90 cm lang
- 3 Samtbänder in Weiß, 1 cm breit, 90 cm lang
- 4 Spitzenbänder in Weiß, 3 cm breit, 90 cm lang
- Satinband in Weiß, 0,5 cm breit, 30 cm lang
- Nylonfaden in Weiß, ø 0,8 mm, 1,50 m lang
- Bambusring, ø 30 cm
- Häkeldeckchen ø 25 cm
- Sticknadel
- Heißklebepistole
- Feuerzeug
- Schere

1.

Legen Sie zuerst das Häkeldeckchen mittig in den Bambusring. Danach wird ein 1,50 m langer, weißer Nylonfaden mithilfe einer Sticknadel von unten nach oben so weit außen durch das Muster des Häkeldeckchens gezogen, bis etwa 10 cm übrig bleiben. Dieses Stück des Fadens benötigen wir später, um Fadenanfang und -ende zu verknoten. Nun führen Sie das lange, durchgezogene Fadenende von oben um den Ring und stechen dann wieder von unten außen durch das nächste Musterstück des Häkeldeckchens. Wiederholen Sie das einmal rundherum. Dabei sollte das Häkeldeckchen immer in der Mitte des Rings liegen und am Ende im Ring gespannt sein.

2.

Verknoten Sie den Anfang und das Ende des Nylonfadens aus Schritt 1 und versiegeln Sie das Ende mit einem Feuerzeug. Ziehen Sie den Faden so, dass der versiegelte Teil hinter dem Häkeldeckchen versteckt ist.

3.

Unten am Ring werden nun verschiedene, weiße Bänder befestigt. Die Satin-, Spitzen- und Samtbänder werden mit einem Ankerknoten befestigt. Die Pompomborte wird innen im Ring mit Heißkleber fixiert.

4.

Oben am Ring wird ein 30 cm langes Satinband mit einem Ankerknoten befestigt und die Enden verknotet als Aufhängung für den Traumfänger.

TIPP: Wenn Sie den Ring als Hochzeitsdekoration verwenden wollen, kombinieren Sie unterschiedlich große Traumfänger dieser Sorte.

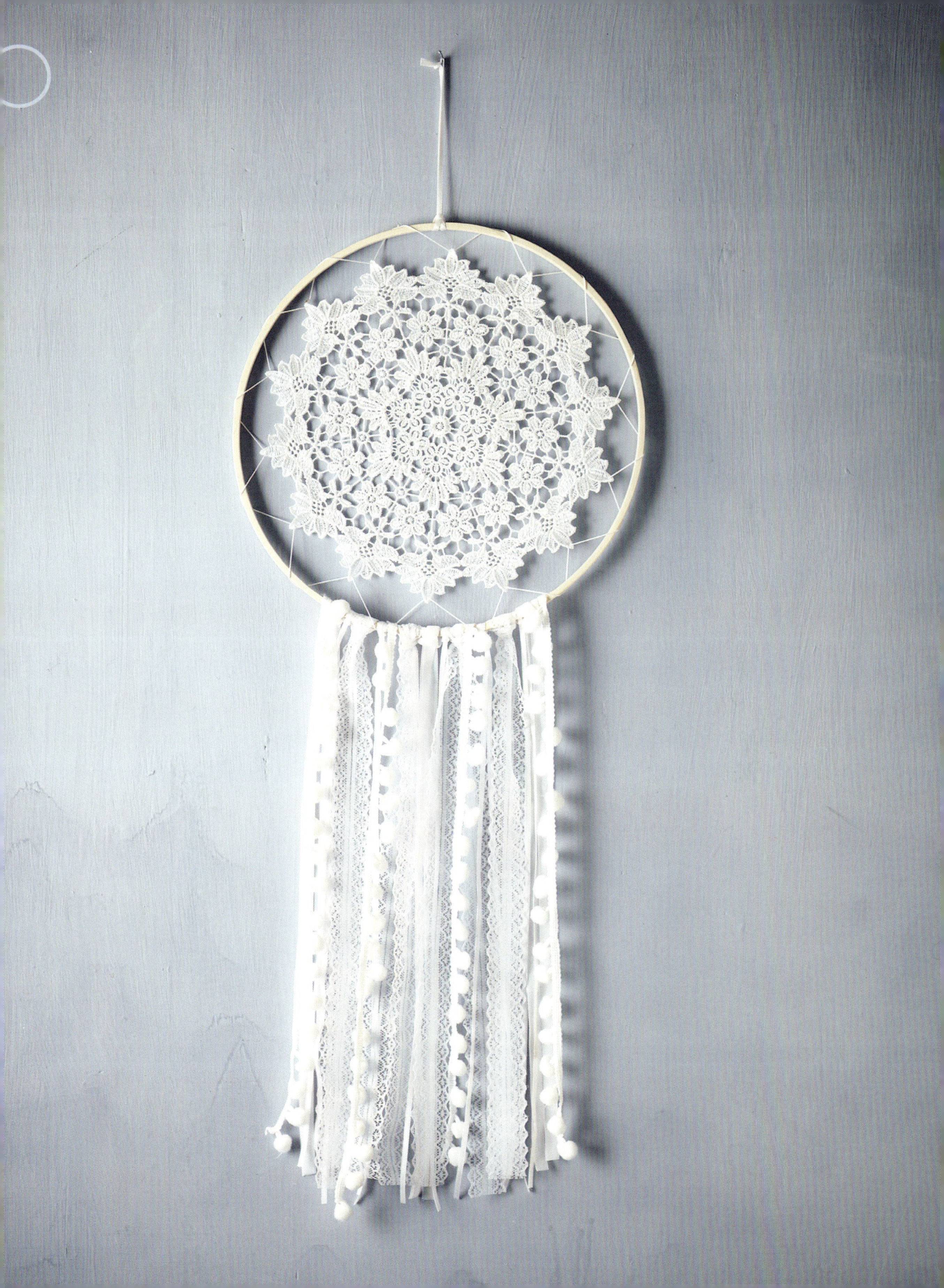

Stern-Traumfänger „Stella"

MOTIVGRÖSSE

ca. 59 cm (ohne Aufhängung)

MATERIAL

- 21 Baumwollfäden in Teddybraun, geflochten, ø 4 mm, 75 cm lang
- Baumwollfaden in Teddybraun, geflochten, ø 4 mm, 3,50 m lang
- Baumwollfaden in Teddybraun, geflochten, ø 4 mm, 30 cm lang
- 2 Nylonfäden in Beige, ø 0,8 mm, 1,60 m lang
- Metallring, ø 25 cm
- 2 Federn in Weinrot
- Heißklebepistole
- Textilkleber
- Feuerzeug
- Schere

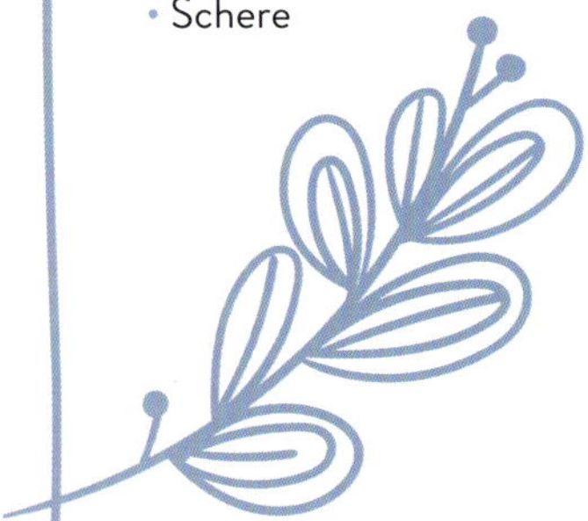

1.

Umwickeln Sie zuerst den Metallring mit einem 3,50 m langen, braunen Baumwollfaden. Fadenanfang und -ende Anfang danach mit Heißkleber fixieren und mit Textilkleber versiegeln.

2.

Danach werden mit zwei Nylonfäden jeweils zwei versetzte Dreiecke in den Ring gewickelt. Für die ersten beiden wird einer der Nylonfäden unten am Metallring befestigt. Dann führen Sie den Faden nach oben links einmal halb um den Ring, dann nach rechts und wieder halb um den Ring nach unten in die Mitte. Die obere Kante des Dreiecks sollte etwa 4,5 cm vom obersten Punkte des Rings entfernt liegen. Das wiederholen Sie ein zweites Mal für ein weiteres Dreieck. Die obere Kante des zweiten Dreiecks liegt etwa 3,5 cm von der oberen Kante des ersten Dreiecks entfernt. Befestigen Sie den Anfang und das Ende des Fadens mit einem Doppelknoten und versiegeln Sie diese mit einem Feuerzeug.

3.

Drehen Sie den Ring um 180° und wiederholen Sie Schritt 2 für die anderen beiden Dreiecke.

4.

Unten am Ring 21 Baumwollfäden in 75 cm Länge mit dem von hinten geknoteten Ankerknoten befestigen.

5.

Zuletzt werden beide Federn mit Heißkleber am Ring über die in Schritt 4 befestigen Fäden geklebt. Als Aufhängung dient ein 30 cm langer, brauner Baumwollfaden der oben mit einem Ankerknoten befestigt und dann verknotet wird.

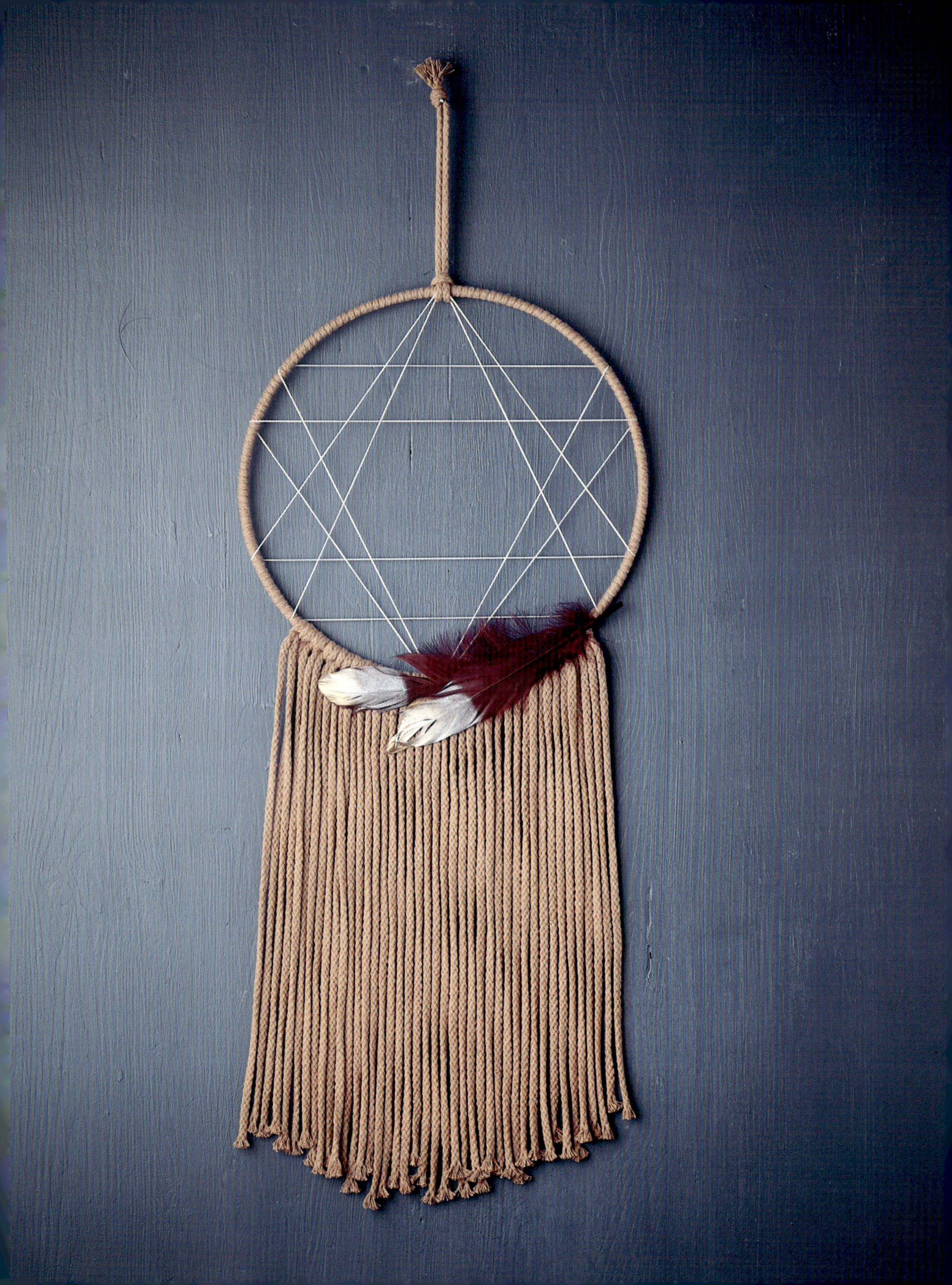

Boho-Traumfänger „Dua"

MOTIVGRÖSSE

ca. 75 cm (ohne Aufhängung)

MATERIAL

- 30 Baumwollfäden in Hellbraun, geflochten, ø 4 mm, 1,10 m lang
- Baumwollfaden in Hellbraun, geflochten, ø 4 mm, 70 cm lang
- Baumwollfaden in Hellbraun, geflochten, ø 4 mm, 30 cm lang
- 21 Baumwollfäden in Natur, geflochten, ø 4 mm, 1 m lang
- Baumwollfaden in Natur, geflochten, ø 2 – 3 mm, 1,80 m lang
- Metallring in Gold, ø 15 cm lang
- Metallring in Gold, ø 25 cm lang
- 4 Holzperlen in Natur, ø 1,5 cm lang
- 4 Holzperlen in Natur, ø 2 cm lang
- Holzperle geometrisch in Natur, ø 2 cm lang
- Textilkleber
- Heißklebepistole
- Schere

1.

Kleben Sie den kleinen Metallring mit Heißkleber in den großen Metallring und umwickeln Sie den festgeklebten Bereich mit einem 70 cm langen, hellbraunem Baumwollfaden. Fixieren Sie Fadenanfang und -ende mit Textilkleber.

2.

Nun wird auf einem 2 – 3 mm dicken und 1,80 m langen Baumwollfaden Holzperlen in folgender Reihenfolge aufgefädelt (von links nach rechts): 2 x 1,5 cm, 2 x 2 cm, 1 x 2 cm, Holzperle geometrisch, 2 x 2 cm und zuletzt 2 x 1,5 cm. Die Perlen aus werden bis zur Mitte des Fadens geschoben und anschließend etwa auf der Hälfte des kleinen Rings auf beiden Seiten mit einem gelegten Ankerknoten befestigt.

3.

Danach wird mit den beiden Enden jeweils nach unten führend sieben halbe Schläge geknotet (s. Rippenknoten auf Seite 19). So sollte mit dem Garn einen Bereich von etwa 2,5 cm inkl. des gelegten Ankerknotens aus Schritt 4 bedeckt werden. Sollten es bei Ihnen mehr oder weniger sein, knoten Sie entsprechend mehr oder weniger halbe Schläge.

4.

In dem Bereich zwischen den halben Schlägen auf beiden Seiten werden nun 21 Fäden in 1 m Länge mit dem von hinten geknoteten Ankerknoten unten am kleinen Ring befestigt.

5.

Zum Schluss befestigen Sie unten mittig am großen Ring 30 hellbraune Baumwollfäden in 1,10 m Länge mit dem von hinten geknoteten Ankerknoten.

6.

Schneiden Sie die herunterhängenden Enden wie gewünscht zu. Als Aufhängung einen 30 cm langen Faden in Hellbraun mit dem Ankerknoten oben am Ring befestigen.

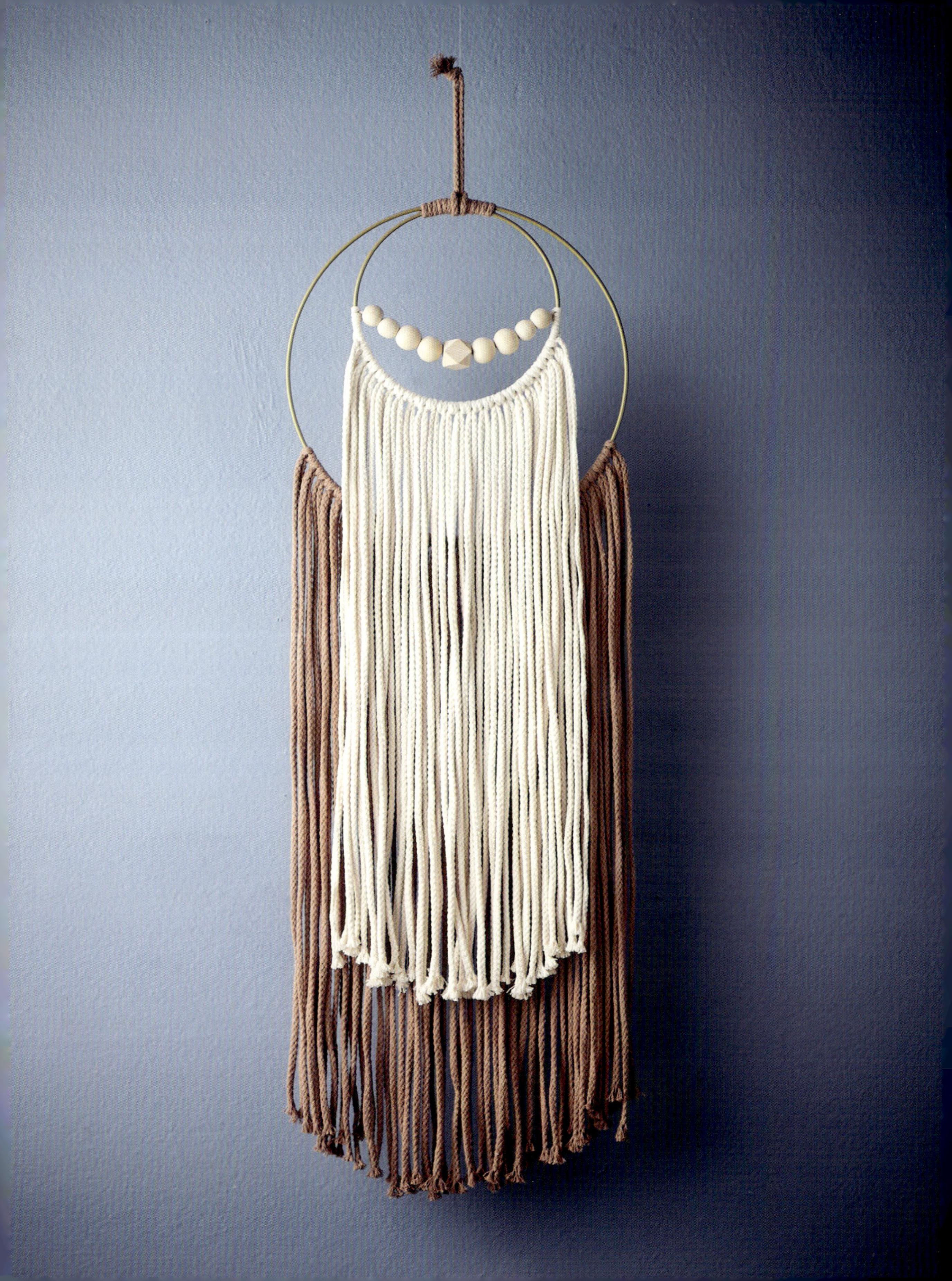

Grafischer Traumfänger „Kali"

MOTIVGRÖSSE

ca. 48 cm (ohne Aufhängung)

MATERIAL

- Baumwollfaden in Natur, geflochten, ø 4 mm, 2,10 m lang
- Baumwollfaden in Natur, geflochten, ø 4 mm, 3 m lang
- Baumwollfaden in Schwarz, einfach gezwirnt, ø 4 mm, 60 cm lang
- 5 Baumwollfäden in Schwarz, einfach gezwirnt, ø 4 mm, 65 cm lang
- 14 Baumwollfäden in Natur, geflochten, ø 4 mm, 65 cm lang
- 7 Nylonfäden in Schwarz, ø 0,8 mm, 35 cm lang
- Metallring, ø 15 cm
- Metallring, ø 20 cm
- 2 Federn in Schwarz
- Heißklebepistole
- Feuerzeug
- Schere

1.

Umwickeln Sie den kleinen Metallring mit einem 2,10 m und den großen Metallring mit einem 3 m langen, naturfarbenen Baumwollfaden. Fixieren Sie Fadenanfang und -ende mit Heißkleber.

2.

Kleben Sie nun beide Ringe mit Heißkleber an einer Stelle zusammen und umwickeln hier ebenfalls den Bereich, in dem die beiden Ringe aneinandergeklebt wurden, mit einem 60 cm langen, schwarzen Baumwollfaden. Der umwickelte Teil sollte ca. 5 cm breit sein. Fixieren Sie Fadenanfang und -ende mit Heiß- oder Textilkleber.

3.

Befestigen Sie zuerst oben am schwarzen, umwickelten Bereich aus Schritt 2 fünf 65 cm lange, schwarze Nylonfäden. Dann führen Sie die Nylonfäden hinter dem kleineren Ring entlang und befestigen sie aufgefächert mit Doppelknoten unten am größeren Ring. Zum Versiegeln der Knoten die Nylonfäden kürzen, anschmelzen und festdrücken.

4.

Am größeren Ring werden unten 65 cm lange Fransen mit dem von hinten geknoteten Ankerknoten befestigt. Dazu links und rechts neben den Nylonfäden jeweils einen schwarzen Baumwollfaden befestigen. Zwischen den jeweils äußeren, schwarzen Baumwollfäden werden anschließend je drei und in den anderen beiden Zwischenräumen jeweils vier naturfarbene Baumwollfäden befestigt.

5.

Zum Schluss wird oben am mittleren Nylonfaden ein weiterer 35 cm langer Nylonfaden befestigt, an dessen Enden je eine Feder geknotet wird. Die Enden der Nylonfäden wieder mit einem Feuerzeug versiegeln. Der Traumfänger kann nun mit einem 35 cm langen Nylonfaden aufgehängt werden.

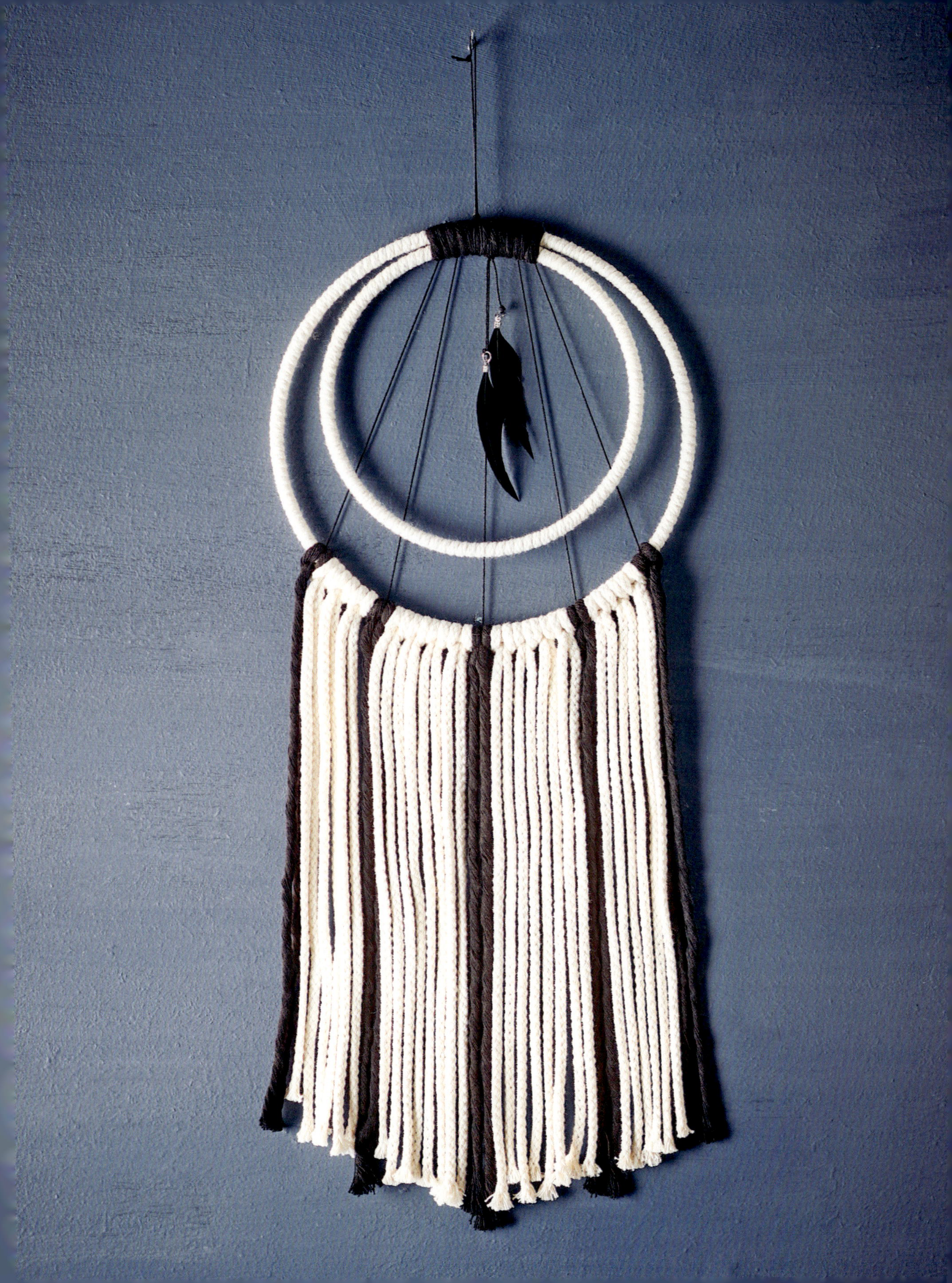

Buchempfehlungen für Sie

Noch mehr Kreativ-Bücher zu ähnlichen Themen gesucht?

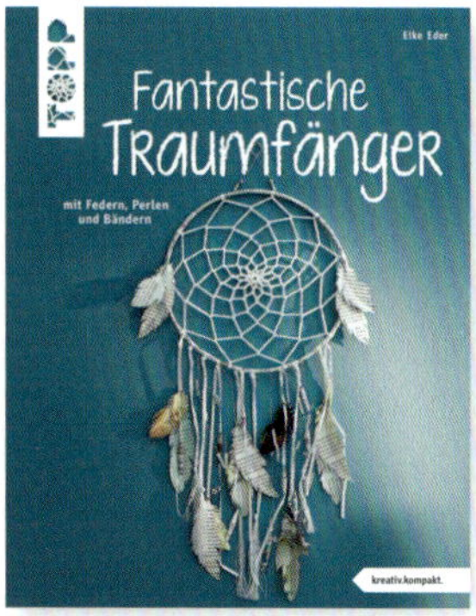

ISBN 978-3-7724-4212-4

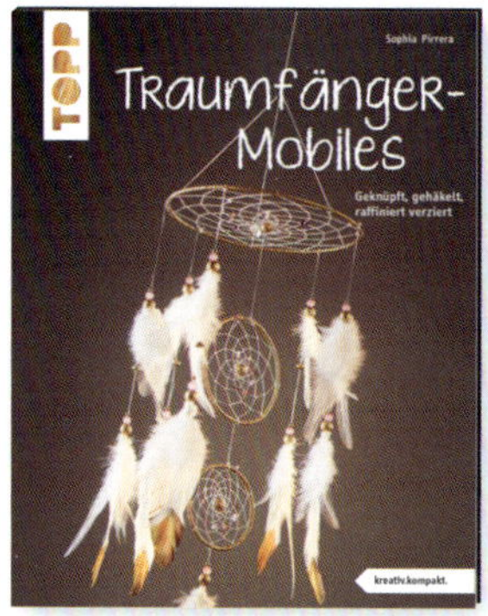

ISBN 978-3-7724-4379-4

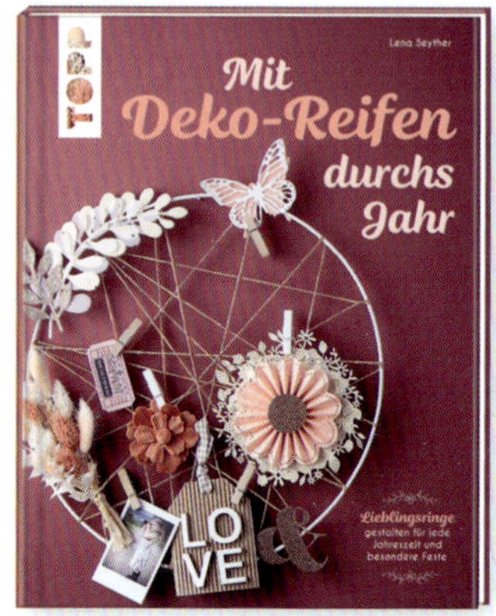

ISBN 978-3-7358-5118-5

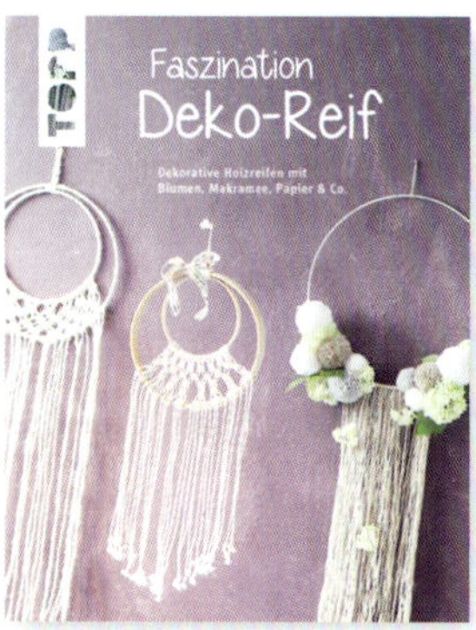

ISBN 978-3-7724-4134-9

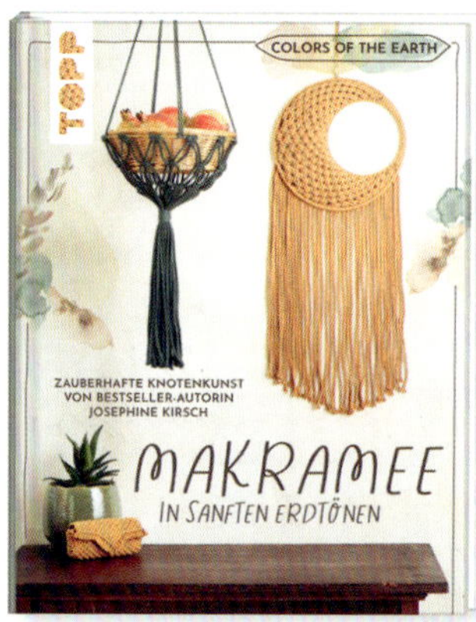

ISBN 978-3-7358-5053-9

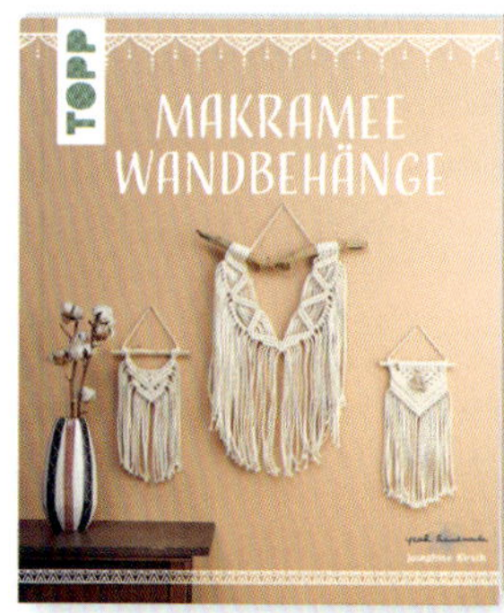

ISBN 978-3-7724-4438-8

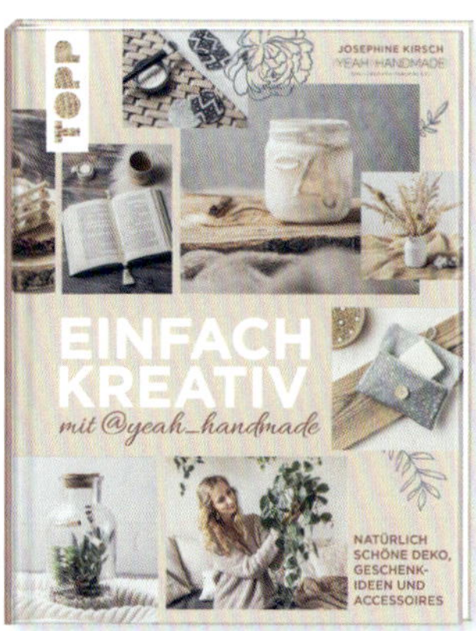

ISBN 978-3-7358-5125-3

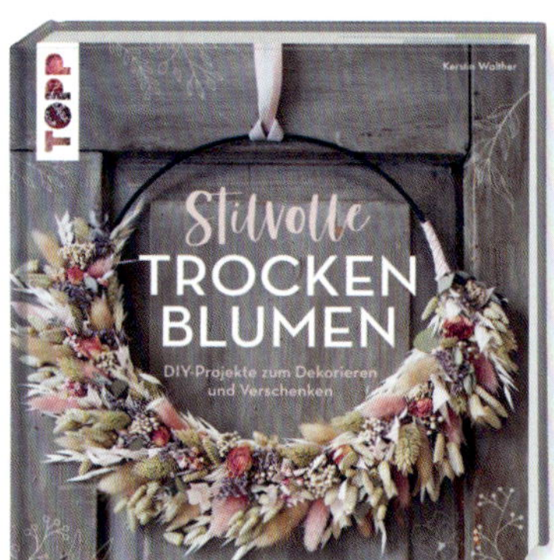

ISBN 978-3-7724-4521-7

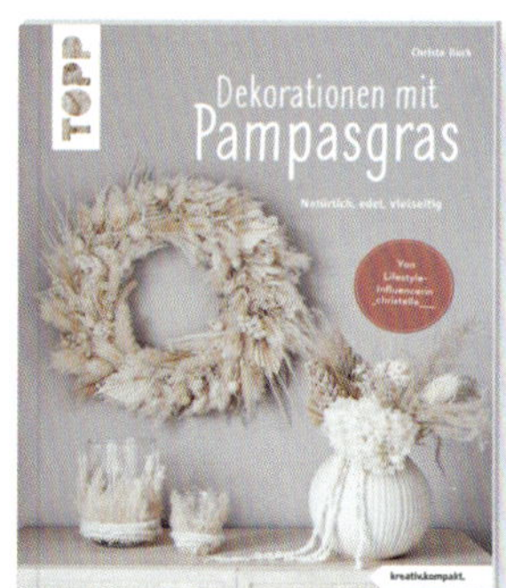

ISBN 978-3-7724-4604-7

Viele weitere Kreativ-Bücher finden Sie auf www.TOPP-kreativ.de

Kennen Sie schon unsere ...

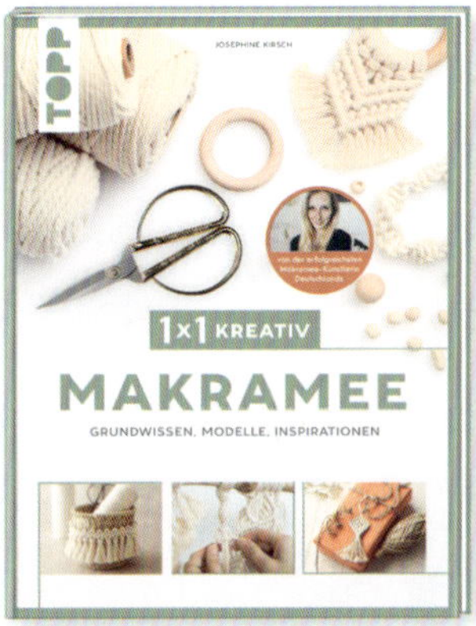

ISBN 978-3-7358-5050-8

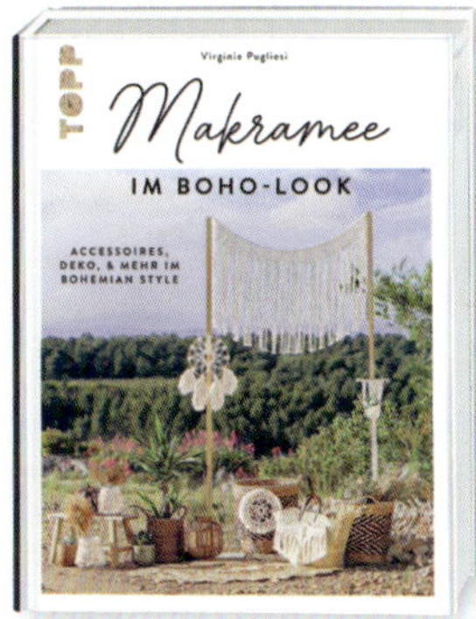

ISBN 978-3-7358-5031-7

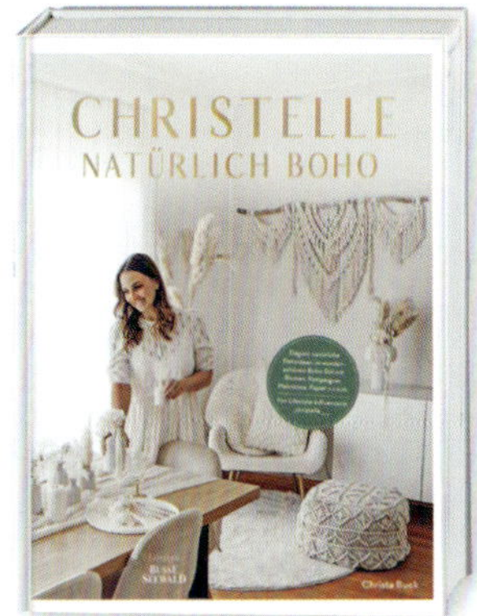

ISBN 978-3-7724-4600-9

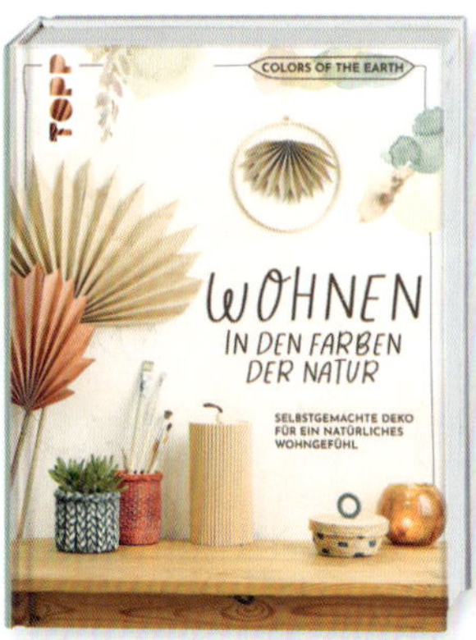

ISBN 978-3-7358-5048-5

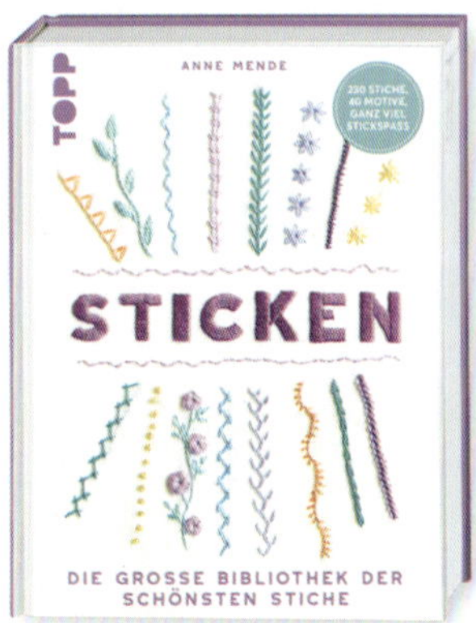

ISBN 978-3-7358-7027-8

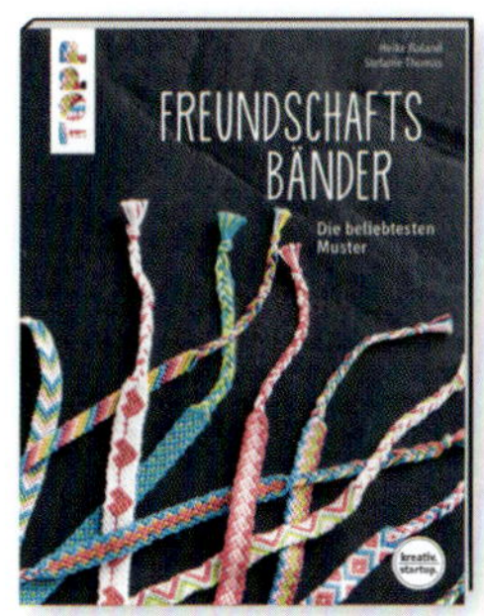

ISBN 978-3-7724-8184-0

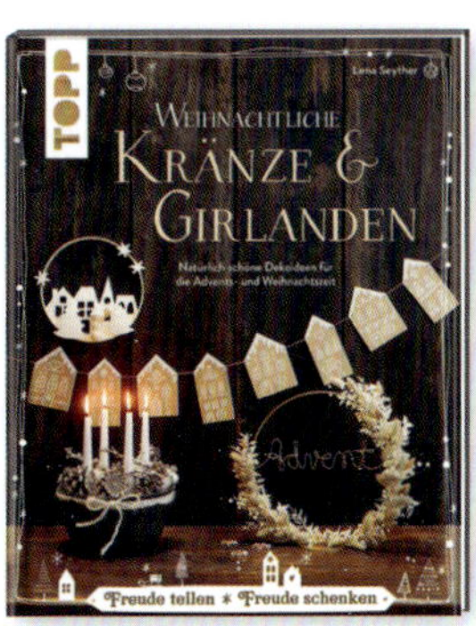

ISBN 978-3-7724-4568-2

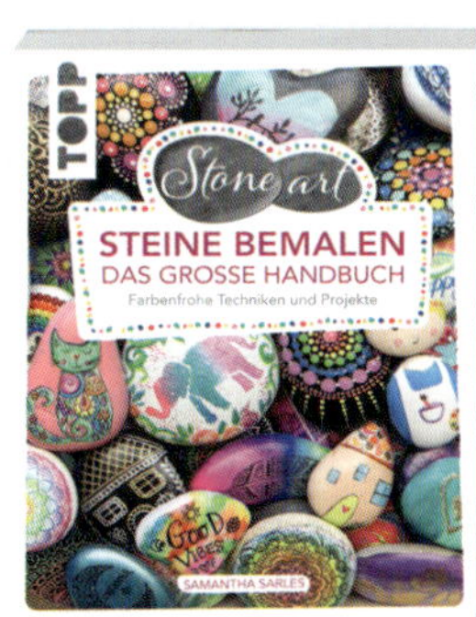

ISBN 978-3-7724-4745-7

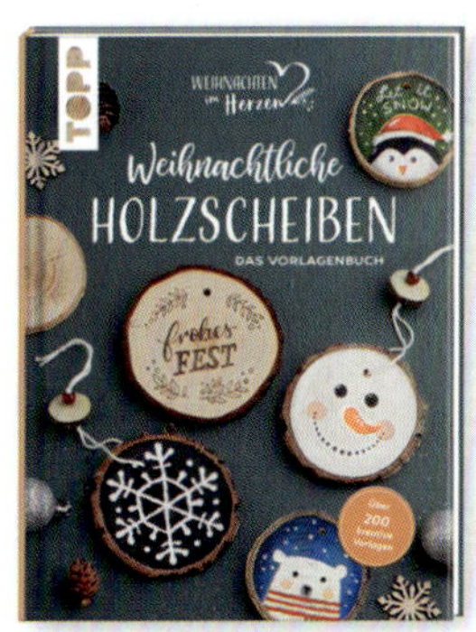

ISBN 978-3-7358-5054-6

#TOPPPROJEKT

Die eigene Kreativität zeigen: TOPPprojekt mit anderen Kreativen teilen und Teil der Gemeinschaft werden.

DIY-begeistert und auf Instagram?
Dann unbedingt mitmachen! Hier gibt's Tipps und Feedback zu den eigenen Projekten. Außerdem verlosen wir jeden Monat ein Überraschungspaket. Um am Gewinnspiel teilzunehmen, einfach ein Bild vom Kreativ-Projekt aus unseren Büchern mit #TOPPprojekt posten und unserem Account @frechverlag folgen. Mehr Infos auf TOPP-kreativ.de/TOPPprojekt

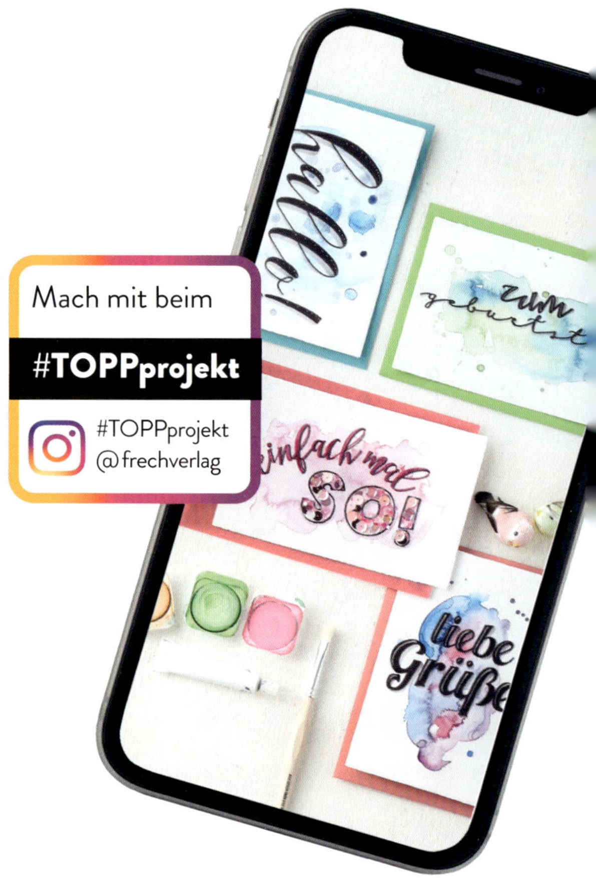

Website
Auf TOPP-kreativ.de können Sie ein riesiges Angebot von über 1.000 Kreativbüchern, Sets & mehr entdecken.

Newsletter
Gleich anmelden unter: TOPP-kreativ.de/newsletter und immer als Erstes von unseren Neuheiten und Sonderaktionen erfahren.

Instagram
@frechverlag

Pinterest
pinterest.com/frechverlag

Facebook
facebook.com/frechverlag

DigiBib
Hier finden Sie zusätzlich zu vielen unserer Bücher digitale Extras, wie Video-Tutorials, Plotter-Dateien, Vorlagen, Übungsblätter & vieles mehr. Einfach im Impressum Ihres TOPP-Buchs den Freischalte-Code nachschlagen und exklusive Inhalte freischalten. TOPP-kreativ.de/digibib

Youtube
youtube.com/frechverlag

Wer wir sind, wie wir arbeiten, was wir lieben …

Auf Instagram, Facebook und Pinterest finden Sie mehr über uns und unsere Arbeit und werden immer schnell und einfach mit den neuesten Infos versorgt.

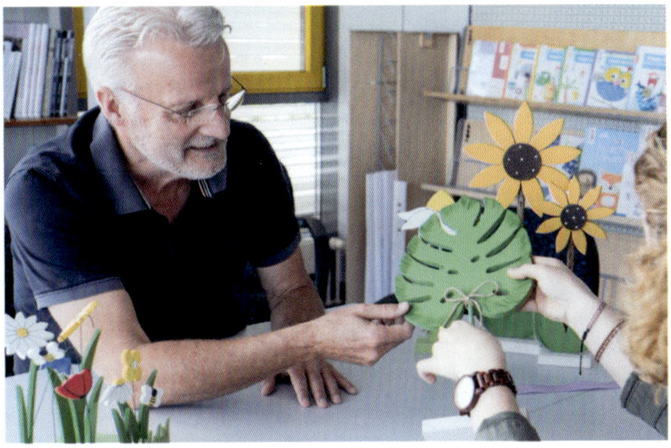

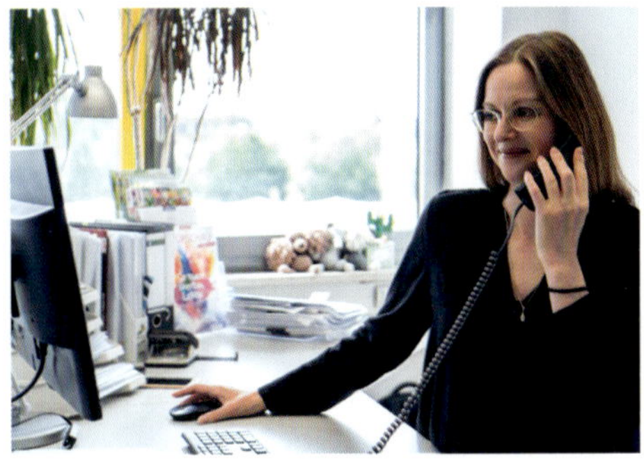

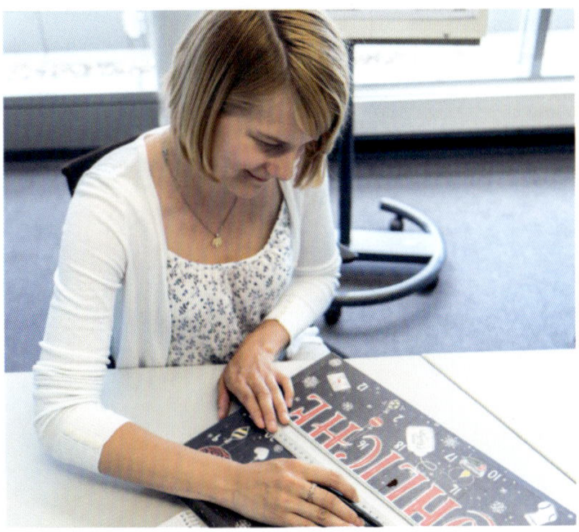

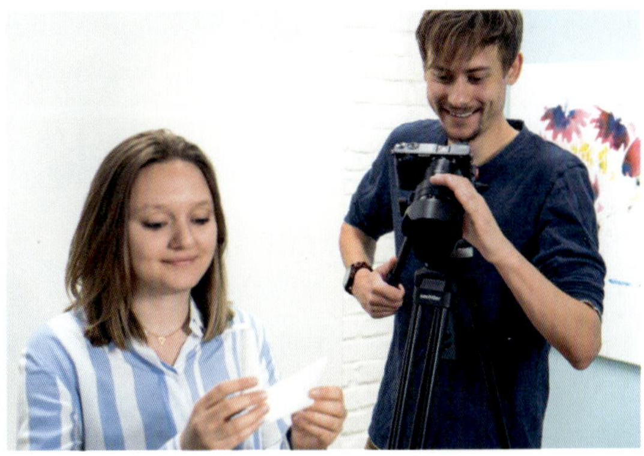

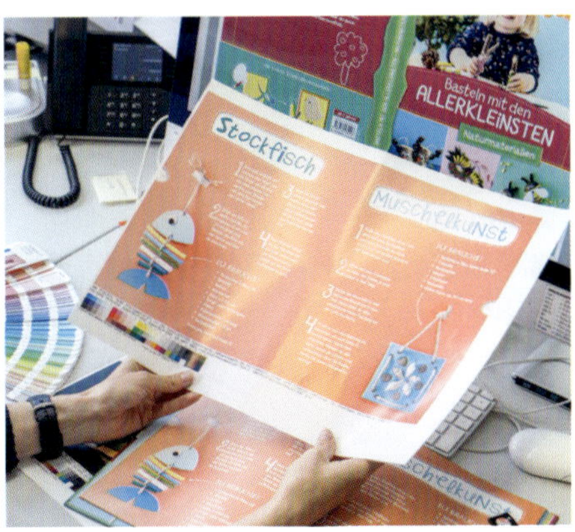

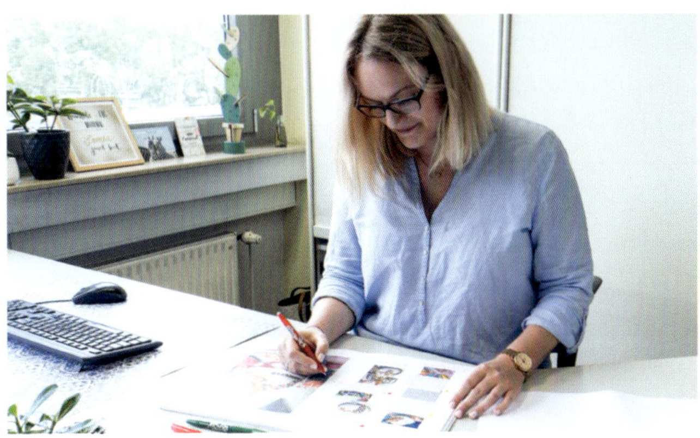

Alle News, alle Infos und alle Links finden Sie auf www.TOPP-kreativ.de

Kreativ-Hotline

Hilfestellung zu allen Fragen, die Materialien und Bücher zu kreativen Hobbys betreffen: Frau Erika Noll berät Sie. Rufen Sie an oder schreiben Sie eine E-Mail!

Telefon: 0711/12 37 57 20*

*normale Telefongebühren

E-Mail: mail@kreativ-service.info

Impressum

FOTOS: frechverlag GmbH, Dieselstr. 5, 70839 Gerlingen; lichtpunkt, Michael Ruder, Stuttgart (alle Modellbilder); Josephine Kirsch (alle Schrittbilder)
PRODUKTMANAGEMENT UND LEKTORAT: Laila Prota, Anna Hamm
COVERGESTALTUNG: Melanie Herrmann
HERSTELLUNG: Jessica Siebert
SATZ: tebitron gmbh, Gerlingen
DRUCK UND BINDUNG: POLYGRAF PRINT spol. s r.o.

1. Auflage 2023

ISBN 978-3-7358-5124-6 • Best.-Nr. 25124

FSC MIX Aus verantwortungsvollen Quellen FSC® C023577 www.fsc.org

Penguin Random House Verlagsgruppe FSC® N001967

Josephine Kirsch

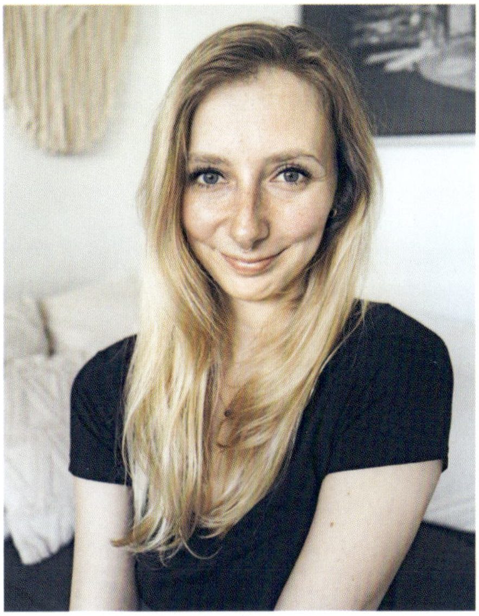

Ich bin Kreativbloggerin auf Yeah Handmade und teile regelmäßig meine kreativen Ideen zu den Themen Dekoration, Geschenke, Makramee & Co. Auf meinem Instagram-Account @yeah_handmade nehme ich meine Community mit und lasse sie an meinem kreativen Chaos teilhaben.
Eine besondere Liebe habe ich für die Knüpf-Technik Makramee entwickelt und habe nun schon mehrere Bücher zum Thema veröffentlicht. Ich lebe mit über 50 Pflanzen, meinem Mann und meiner eigenwilligen Katze Nalani in Berlin.

Dankeschön!

Wir bedanken uns herzlich bei Rayher und Rico Design für die freundliche Materialunterstützung!